Pequeños cambios
para transformar tu vida

DR MICHAEL MOSLEY

Pequeños cambios para transformar tu vida

Traducción de María del Carmen Boy Ruiz

Urano

Argentina – Chile – Colombia – España
Estados Unidos – México – Perú – Uruguay

Título original: *Just One Thing*
Editor original: Short Book, un sello de Octopus Publishing
Group Limited
Traducción: Maria del Carmen Boy Ruíz

1.ª edición: abril 2026

ISBN: 979-13-87662-33-2
E-ISBN: 979-13-87899-80-6
Depósito legal: M-1.913-2026

Fotocomposición: Urano World Spain, S.A.U.

Impreso por: Rotativas de Estella – Polígono Industrial San Miguel
Parcelas E7-E8 – 31132 Villatuerta (Navarra)

Impreso en España – *Printed in Spain*

INTRODUCCIÓN

A pesar de haberme licenciado como médico, me he pasado la mayor parte de mi larga y maravillosa carrera como periodista científico y presentador de televisión. Esto me ha permitido cubrir muchos temas distintos, aunque estos últimos años me he centrado en explorar la ciencia tras los distintos y variados reclamos de salud con los que me he topado. Y, por supuesto, los he probado todos. En mi época hice un buen puñado de locuras, como infectarme con parásitos, extraerme sangre con sanguijuelas y tragarme una microcámara para ver el funcionamiento de mis intestinos. Sin embargo, en 2012, cuando descubrí que tenía diabetes de tipo 2, me puse serio con entender los factores que influyen en la salud mental y física.

Descubrir que tenía diabetes de tipo 2 me llevó a hacer un programa llamado «Eat, Fast and Live Longer», durante el que recopilé investigaciones que demostraban los beneficios del ayuno intermitente. En ocho semanas, perdí nueve kilos al hacer una variante del ayuno intermitente que denominé la dieta 5:2, y esto me permitió que mis niveles de azúcar en sangre volvieran a la normalidad sin medicación. Esto, a su vez, me impulsó a escribir con Mimi Spencer *La Fast Diet*, que se convirtió en uno de los libros más vendidos a nivel internacional, y a partir de ahí escribí más libros (casi todos con mi mujer, Clare, que es doctora y escritora *bestseller* de libros de cocina), en los que cubrí temas desde la pérdida de peso y el sueño al ejercicio y maneras de mejorar la salud intestinal.

Después, en 2021, durante el confinamiento por el COVID, hice algo muy distinto. Comencé mi primera serie de pódcast. Fue para BBC Sounds y Radio 4, y se llamó *Just One Thing*. Montar un estudio de grabación en mi casa durante el confinamiento fue todo un reto, pero, como te mostraré, probar cosas nuevas es muy bueno para el cerebro (consulta la página 195), sobre todo cuando uno tiene ya una edad, como yo, y me encantó hacerlo.

La idea del pódcast es simple: cada episodio de quince minutos presenta un pequeño cambio que puedes incorporar para mejorar la salud. La serie (que sigo emitiendo) está repleta de datos estrambóticos, divertidos y a veces bizarros, y hacerla me da la oportunidad de entrevistar a eminentes científicos líderes en su campo y, a menudo, muy entretenidos. En cada episodio encontramos a un valiente voluntario para que pruebe ese cambio y, por supuesto, yo también le doy una oportunidad (si escuchas uno de los primeros pódcast, oirás mis gritos al darme mi primera ducha de agua helada. Consulta la página 25 para saber más acerca de la ciencia tras la inmersión en agua fría).

Tengo la suerte de contar con un equipo talentoso; ellos lo hicieron realidad y me ayudaron a asegurarme de que fuera todo un éxito. Buena parte del atractivo de *Just One Thing* es su sencillez, y creo que esto también es lo que hace que sea una manera estupenda de convertir las buenas intenciones en hábitos sostenibles.

Después de todo, la mayoría de nosotros reconocemos la importancia de mantenernos en un peso saludable, comer bien, hacer ejercicio de manera regular, reducir el estrés y dormir bien por la noche. Entonces, ¿qué nos frena? Bueno, para empezar, los periódicos, la televisión y las redes sociales nos bombardean a diario con un aluvión de consejos vagos y, a menudo, contradictorios: toma café, no tomes café, elimina las grasas, come más grasas, exponte al sol, embadúrnate con crema solar, haz ejercicio lento o aumenta el ritmo… ¿A quién creemos?

Luego está el problema de llevar los buenos consejos a la práctica, de crear un nuevo hábito saludable y mantenerlo. Muchos de nosotros tenemos como propósitos de Año Nuevo llevar una vida más saludable y estar más activos, pero en cuestión de un mes o dos la mayoría volvemos a nuestro antiguo estilo de vida. No creo que sea porque seamos perezosos por naturaleza ni que tengamos poca fuerza de voluntad; es porque no hemos creado un entorno en el que el nuevo hábito cuaje. Si de verdad quieres cambiar, aquí tienes diez reglas, basadas en la ciencia, que a mí me han resultado útiles:

1. **HAZLO SIMPLE.** La base de *Pequeños cambios para transformar tu vida* es que no tienes que hacer grandes alteraciones en tu vida; son cosas que puedes incorporar con facilidad a tu rutina. Los pequeños cambios pueden tener grandes beneficios en cuanto a mejorar el estado de ánimo, el sueño, tener la mente más aguda y reducir el riesgo de sufrir enfermedades.

2. **SÉ REALISTA.** Aunque voy a intentar animarte sobre todos los beneficios que conlleva aplicar muchos de los hábitos de *Pequeños cambios para transformar tu vida*, empieza por lo que creas que puedes gestionar. Empieza poco a poco y avanza desde ahí. Esta, después de todo, es la mayor ventaja de esta aproximación. Siempre puedes añadir «un pequeño cambio más» más adelante.

3. **CREA UN DETONANTE.** Es más probable que hagas algo si va unido a una actividad que ya realices. Como verás en el próximo capítulo, hago mis ejercicios de resistencia nada más salir de la cama porque sé que si no me pongo

a ello en ese momento me los voy a saltar. Utilizo el «salir de la cama» (algo que tengo que hacer todos los días) como detonante para estos ejercicios. Puedes utilizar «comer» como detonante para beber un vaso grande de agua y, de esa manera, asegurarte de beber suficiente agua durante el día (consulta la página 59 para ver los múltiples beneficios de este hábito) o deja un cuaderno y un bolígrafo al lado de la cama como un detonante-recordatorio para escribir (consulta la página 213 para ver los beneficios de «dar gracias por lo que tienes»). Yo practico el mantener el equilibrio sobre una pierna mientras me cepillo los dientes para mejorar el equilibrio (consulta la página 73) porque sé que nunca asistiré a clases de yoga de manera constante, pero como tengo que lavarme los dientes dos veces al día, esto es más realista. Encontrarás muchos más «detonantes» a lo largo del libro.

4. **SÉ CONSCIENTE DE POR QUÉ LO HACES.** Creo firmemente que si de verdad comprendes cuáles son los beneficios y te los recuerdas cuando sientas que la tentación de tirar la toalla es más fuerte, es mucho más probable que mantengas el hábito. Por eso este libro contiene muchas entrevistas con científicos prominentes, así como referencias a estudios científicos que son fáciles de buscar en internet. Quiero que te convenzas de que merece la pena aplicar estos cambios y persistir. También quiero que los adaptes a tus propios requisitos.

5. **MANTENLO AL MENOS UN MES.** Existe una creencia muy extendida de que puedes incorporar un hábito nuevo en veintiún días. Esto es, con casi toda probabilidad, falso. Un estudio publicado en el *European Journal of Social*

Psychology concluyó que hacen falta entre 18 y 254 días para adoptar un hábito nuevo, ¡así que no lo dejes!

6. **INTENTA REEMPLAZAR LOS MALOS HÁBITOS POR OTROS BUENOS.** Tenemos profundamente arraigados muchos malos hábitos y pueden resultar casi imposibles de dejar. Lo que puedes hacer es tratar de reemplazarlos por hábitos mejores. Esto requiere tiempo y persistencia.

7. **INTENTA HACERLO TODOS LOS DÍAS.** Establecer un nuevo hábito es, sobre todo, consistencia y frecuencia. Aunque es importante saber por qué haces algo, es aún más importante hacerlo de verdad de manera regular. Muchos de los cambios que encontrarás en este libro se pueden hacer diariamente y, a veces, incluso más de una vez al día. También he tratado de que sean breves, ya que cuanto menos tiempo nos lleve algo, más fácil será mantenerlo.

8. **IMPLICA A UN AMIGO O SER QUERIDO.** Uno de los principales motivos por los que las personas contratan a entrenadores personales es que sienten que necesitan a alguien al lado para que los anime a hacer deporte..., no porque no sepan qué hacer. Realizar una actividad con un amigo o un ser querido no solo te vuelve más responsable, sino que es mucho más divertido. Clare y yo hacemos muchas cosas juntos, desde entrenar a primera hora de la mañana hasta tomar alimentos fermentados (consulta la página 65), porque compartimos el interés de vivir de manera saludable y porque nos mantiene motivados. Una buena razón para adoptar un perro (algo que probablemente debería de haber añadido a la lista), aparte del cariño y la compañía, es que es muchísimo más probable que los dueños de los perros salgan a pasear. De hecho, un estudio llevado a cabo

en Reino Unido a más de 700 personas, con y sin perro, descubrió que aquellos con un amigo de cuatro patas tenían cuatro veces más probabilidades de cumplir con el objetivo saludable tan recomendado de hacer 150 minutos a la semana de un ejercicio de intensidad moderada (consulta la página 45). Nosotros tenemos una king charles llamada Tari; tiene más de 10 años, pero todavía se emociona muchísimo cada vez que piensa que se avecina un paseo. Su alegría es un gran incentivo para que la saque.

9. **SÉ AMABLE CONTIGO MISMO.** Si has encontrado algo que te gusta pero no lo mantienes, a lo mejor es que no es para ti. No te fustigues: acepta que puede que en este momento de tu vida no te funcione. Échale un vistazo al libro y mira qué otro cambio te llama la atención.

10. **LLEVA UN SEGUIMIENTO.** Como te decía antes, me gusta experimentar, lo que significa que también me gusta supervisar el cambio. Intenta anotar algunos de tus marcadores y medidas de salud como el peso, medidas de cintura, pulsaciones, tensión arterial (puedes comprar el aparato en la farmacia o por internet) o tus niveles de azúcar (ídem). Tal vez te ayude invertir en un medidor de actividad. Llevar el seguimiento te mostrará lo lejos que has llegado.

En resumen: este libro trata de maneras rápidas y simples, demostradas científicamente, para mejorar la salud y el bienestar de forma sostenible. Nadie espera que las apliques todas, ¡ni siquiera más de una! Tan solo elige lo que te funciona. La ventaja de centrarnos en objetivos pequeños es que te dejan pensando: «Vale, puedo con esto», y luego, o eso espero, tal vez descubras que disfrutas con la actividad y acabas incorporándola a tu vida.

Elige aquello que te funcione

Estoy tan convencido de los beneficios de lo que escribo en este libro que muchos de los pequeños cambios ahora forman parte de mi rutina diaria. He optado por incluir mis 30 cosas favoritas en un día normal para que veas de qué manera encajan en tu vida. Hay un sinfín de actividades entre las que elegir y, obviamente, no quiero que las pruebes todas de golpe. Lo que sí espero es que te sientas tentado a empezar probando una o dos, y que los beneficios que te aporten te sirvan de aliento.

Para algunos de los cambios, el momento es importante. Un paseo tiene beneficios añadidos cuando te expones a la luz del amanecer; es mejor beber café un par de horas después de despertarte; obtendrás más vitamina D de los rayos del sol de mediodía; un baño caliente es mano de santo como parte de una rutina de noche para fomentar el sueño y desconectar, y no por la mañana. ¿Y qué hay del resto? Mézclalas como quieras. De hecho, unos cuantos cambios —como beber agua, cantar, levantarte, tomarte un descanso y hacer respiraciones profundas— pueden repartirse alegremente en intervalos a lo largo del día.

Lo primero en mi lista diaria siempre son los «ejercicios inteligentes» (sentadillas y flexiones), porque sé que no los haré si los dejo para más tarde; de la misma manera, me gusta mucho tomar una cucharada de chucrut con la tortilla del desayuno. Pero es que yo soy así. A lo mejor a ti te gusta la idea de comenzar el día con un poco de meditación consciente y disfrutar de los alimentos fermentados con el almuerzo o la cena. Es bueno saber que cantar será igual de beneficioso sin importar el momento del día en que te entren ganas de hacerlo.

Así que échale un vistazo al libro, elige algo que te gustaría probar e inténtalo. En cuanto se convierta en una parte habitual de tu vida, vuelve a buscar en el libro y mira si hay otra actividad que te apetezca probar.

¡Buena suerte!
Michael

ÍNDICE

ALMUERZO

TARDE

TARDE-NOCHE

Pequeños cambios para transformar tu vida

PRIMERA HORA DE LA MAÑANA

Ejercicios inteligentes

Cómo aplicarlo: haz sentadillas o flexiones durante un par de minutos cada día.

No sé tú, pero a mí me solía resultar extremadamente fácil dormir toda la noche del tirón. Cuando era adolescente, me dormí en una cabina de teléfono, un cementerio e incluso en el andén de una estación de tren en la India. Por desgracia, dormir bien por la noche quedó muy atrás. Ahora me suelo despertar sobre las tres de la mañana, doy un par de vueltas por la casa y luego vuelvo a la cama cuando me noto cansado. Lo que intento hacer es enseñar a mi cerebro a que asocie «cama» con «dormir» y «sexo», y con nada más. Los beneficios de salud de las relaciones sexuales son muchos y variados, aunque es un pequeño cambio que aún no he investigado. Sí hay, sin embargo, otra manera de hacer deporte que recomendaría encarecidamente y que es lo primero que hago: ejercicios inteligentes.

Sin importar cómo haya pasado la noche, me despierto más o menos a la misma hora cada mañana (sobre las siete), me levanto, abro las cortinas, disfruto de la luz del amanecer, despierto a Clare (a menudo me gruñe), enciendo la radio y juntos empezamos a hacer pequeñas actividades durante el día: ejercicios de resistencia. Antes que nada, debo añadir que no es necesario que sea lo primero que hagas, aunque creo que es muy importante que los practiques en algún momento del día.

Todos sabemos que realizar ejercicio aeróbico (correr, nadar, hacer bicicleta) es bueno para el corazón y los pulmones, pero menos del 5 por ciento de las personas hacen ejercicios enfocados a ganar músculo de manera regular. Y es una lástima, porque a partir de los 30, a menos que hagas algo al respecto, empezarás a perder alrededor del 5 por ciento de la masa muscular por cada década que pase. Y necesitas ese músculo, hazme caso.

Tener más músculo no solo hace que te veas bien, sino que mejora la postura y reduce el riesgo de que tengas dolor de espalda. Los músculos queman calorías, incluso mientras duermes, y son, además, fundamentales para que te mantengas activo. Así que es vital que hagas lo que puedas para ganar y mantener la musculatura. Y nunca es tarde para empezar.

Una de las mejores maneras de ganar músculo es ejercitar la resistencia. Los ejercicios de resistencia son aquellos en los que empleas los músculos para levantar o tirar contra una carga. Esto puede incluir levantar pesas o utilizar bandas de resistencia, que tienen una gran variedad de tamaños y fuerzas. Sin embargo, yo prefiero algo que pueda hacer en casa o de viaje cuando estoy de grabación y que no requiera equipamiento. Así que en lugar de pesas, hago sentadillas y flexiones, con las que utilizas el peso de tu propio cuerpo para que tus músculos trabajen más. Además de ser sencillas de hacer, las flexiones y las sentadillas son dos de los mejores ejercicios para el corazón y el cerebro.

Normalmente empiezo con 30-40 flexiones. Parece que estoy presumiendo, y sí, así es, pero he ido progresando hasta llegar ahí. Lo que me gusta de las flexiones es que son una manera rápida y muy efectiva de aumentar la fuerza del tren superior. También me gusta que hago más repeticiones que Clare (aunque le queda poco para alcanzarme). El número de flexiones que puedas hacer también parece ser un buen indicador de la salud de tu corazón.

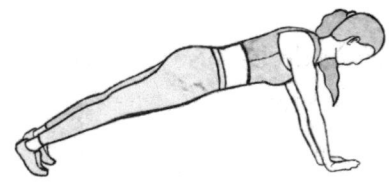

FLEXIONES

Empieza por la opción más sencilla, de pie frente a una pared, con los pies al ancho de las caderas apoyados firmemente en el suelo, y los brazos extendidos a la altura de los hombros con las palmas apoyadas en la pared. Ahora tan solo flexiona los brazos y, con la espalda y las piernas rectas, deja que tu cuerpo se incline hacia la pared; luego empuja con los brazos para volver a ponerte recto.

Puedes ir progresando y hacer las flexiones en el respaldo de un banco de jardín o una encimera, y luego hacerlas en el suelo para realizar lo que a veces se denomina «media flexión»; para ello, con los brazos rectos y las manos justo debajo de los hombros, haces el mismo movimiento de «flexión» con las rodillas apoyadas. Intenta hacer la flexión de cuerpo entero (mantenerlo recto como una vara con los músculos abdominales contraídos) solo cuando te resulte fácil hacer las flexiones de rodilla.

SENTADILLAS

Con los pies al ancho de los hombros y los dedos de los pies apuntando hacia delante, baja el trasero despacio como si estuvieras a punto de sentarte en una silla detrás de ti, a la vez que mantienes la barriga apretada y la espalda recta. Luego aprieta los glúteos e impúlsate para levantarte de nuevo.

Puedes empezar apoyando la mano en una superficie de trabajo o en el respaldo de una silla para ayudarte a mantener el equilibrio y, de manera gradual, ir profundizando en la sentadilla a medida que ganes flexibilidad.

Pequeños cambios para transformar tu vida

PRIMERA HORA DE LA MAÑANA

ducha fría

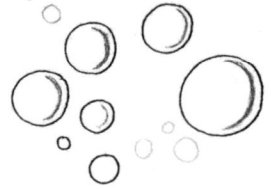

Cómo aplicarlo: después de darte una ducha normal de agua caliente, abre agua fría a la mínima temperatura y respira despacio y de manera constante durante 10-60 segundos.

Debo confesar que cuando me presentaron este pequeño cambio, me quedé bastante horrorizado. Pero si menos de un minuto de incomodidad al día de verdad puede ayudar a combatir el estrés y reforzar el sistema inmunológico, merece la pena intentarlo, ¿no?

En lugar de optar por meterme de golpe bajo el agua fría, empiezo por darme una ducha caliente, me aseo y luego pongo el agua fría. La primera vez que lo intenté fue todo un impacto. Hubo mucho griterío en el baño y no tardé ni diez segundos en salir de ahí. He ido mejorando con la práctica. Ahora ya no hiperventilo tanto ni cambio el peso de un pie a otro, y duro hasta un minuto, incluso en invierno. Aunque aún no me quedo tan tranquilo y controlado como Clare, que parece feliz de permanecer serena y en silencio mientras el agua helada le cae sobre la cabeza. A uno de mis hijos, Daniel, que ha sido discípulo de Wim Hof, también conocido como «Iceman», desde que lo descubrió en YouTube, no solo le encanta darse una ducha de agua fría cada mañana, sino que nada en el Támesis el día de Navidad.

Al igual que con las duchas frías, nadar en agua fría está ganando popularidad gracias a que se dice que mejora el estado de ánimo, reduce el estrés, mejora la salud cardiovascular y refuerza el sistema inmunológico. Entonces, ¿qué sucede?

Pues que la primera vez que te metes en el mar en invierno o te das una ducha de agua congelada, para sorpresa de nadie, provocará una respuesta estresante. Empezarás a hiperventilar, el latido del corazón se disparará y el cuerpo tendrá un chute de adrenalina. El impacto del agua fría hace que el sistema circulatorio funcione a toda máquina.

Pero si sigues haciéndolo, el cuerpo, con el tiempo, se acostumbrará. Las investigaciones han demostrado que hacen falta seis inmersiones en agua fría para reducir la respuesta estresante a la mitad: el corazón no se acelera tanto, entramos menos en pánico.

La idea es que exponerse de manera repetida al agente estresante leve de la inmersión en agua fría también te ayudará a lidiar con otros factores estresantes.

Aunque buena parte de la investigación aún está en fase de inicio, Mike Tipton, profesor de fisiología humana y aplicada en el Extreme Environments Laboratory de la Universidad de Portsmouth, cree que esta adaptación cruzada podría explicar algunos de los beneficios de la inmersión en agua fría. Ha demostrado, por ejemplo, que exponer a las personas al estrés de las duchas de agua fría hace que toleren mejor estar a gran altura, y cree que este mecanismo de adaptación cruzada podría explicar también por qué las personas que nadan en agua fría de manera regular a menudo sienten que mejora su salud mental.

«Una evidencia anecdótica —me contó— es el tipo de evidencia más débil, pero sabemos que, literalmente, miles de personas te dirán que sumergirse en agua fría ha mejorado su estado de ánimo y confianza. Hemos realizado un caso práctico con alguien que tenía depresión posparto. Pasó por un programa de habituación al frío, que implicaba la inmersión en agua fría. Pasó de sentirse extremadamente desdichada a decir que no había estado tan feliz desde hacía años. Un año más tarde, sigue nadando en aguas abiertas; prácticamente no toma medicación y está libre de depresión». Este caso práctico en particular se publicó en el *British Medical Journal*.

Aprender a gestionar el estrés de la inmersión en agua fría también podría explicar por qué ducharte con agua fría puede ayudarte a combatir una infección. En un ensayo amplio, llevado a cabo en los Países Bajos durante los meses de invierno, distribuyeron al azar a 3.018 voluntarios de entre 18 y 65 años, sin experiencia previa con duchas regulares de agua fría, para que se dieran una ducha fría o caliente cada mañana durante un mes. El estudio descubrió que aquellos que se habían dado la ducha de agua fría, pidieron un 30 por ciento de menos días de baja por enfermedad que los del grupo de control.

Por último, parece ser que las inmersiones en agua fría tienen un efecto antiinflamatorio, que es importante si tenemos en cuenta que la raíz de tantas de las enfermedades modernas que nos afectan —Alzheimer, diabetes de tipo 2, enfermedades cardiacas, depresión— es la inflamación crónica.

Así que si te apetece hacer de la inmersión en agua fría un pequeño cambio que te gustaría probar, ¿cómo deberías empezar? Primero, sería buena idea que te aclimatases a la exposición al frío y comenzar por duchas breves a baja temperatura. Te recomiendo que empieces con una ducha de agua caliente seguida de otra de agua fría de 10 segundos, y que poco a poco aumentes la exposición.

Afortunadamente, no tienes que pasar mucho tiempo bajo el chorro frío para obtener beneficios (de hecho, exponerte durante mucho tiempo puede ser contraproducente). El profesor Tipton me contó que lo importante es aguantar lo suficiente hasta controlar la respiración. En el estudio holandés descubrieron que estar más de un minuto no tenía ningún beneficio en especial.

Si planeas pasar de las duchas a nadar en agua fría, prueba con un amigo o únete a un club (hay muchos por ahí). Y primero consúltalo con tu médico si tienes alguna condición de salud subyacente, ya que enfriarte puede ser un arma de doble filo.

Pequeños cambios para transformar tu vida

PRIMERA HORA DE LA MAÑANA

canta

Cómo aplicarlo: canta a pleno pulmón cinco minutos al día.

Mientras me doy la ducha de agua fría, a menudo me pongo a cantar a pleno pulmón. No porque cante bien —se me escapa más de un gallo—, sino porque he descubierto que me ayuda a aguantar esos primeros y dolorosos 20 segundos o así. En términos generales, te recomendaría cantar, ya sea en el baño o en cualquier otro lugar, porque las investigaciones demuestran que es una manera estupenda de mejorar el estado de ánimo, reducir la ansiedad e incluso aliviar el dolor crónico. Además, y lo más importante, es divertido.

Una de las maneras por las que cantar nos hace sentir bien y nos da un «subidón» natural es mediante el estímulo de nuestros endocannabinoides. Estos son químicos que produce nuestro cuerpo de manera natural y que tienen una estructura muy similar a los que se encuentran presentes en la planta de cannabis; en altas concentraciones, pueden aumentar el estado anímico.

Hace unos años formé parte de un estudio en la Universidad de Nottingham en el que le pedimos a un grupo de mujeres de mediana edad, que cantaban juntas como parte de Rock Choir de los condados de Derby y Nottingham, que probasen varias actividades diferentes para ver cuáles aumentaban más los niveles de endocannabinoides.

Les hicimos unas analíticas de sangre antes y después de hacer bicicleta en grupo, cantar en un coro, participar en una clase de baile y hacer una actividad «aburrida» (el de control), que implicaba estar sentados y leer el manual de instrucciones de un lavavajillas.

Todas las actividades, salvo leer el manual de instrucciones, tuvieron cierto efecto, pero la sesión de canto en grupo de 30 minutos fue lo que más aumentó los niveles de endocannabinoides en sangre: la friolera del 42 por ciento (¡el doble que montar en bicicleta!). Y, por suerte, no tiene por qué dársete bien para disfrutar de los beneficios.

La doctora Daisy Fancourt es profesora adjunta de psicobiología y epidemiología del University College de Londres. Cree que cantar tiene algo muy especial: «Es un comportamiento que lleva con nosotros desde hace decenas de miles de años y siempre ha jugado un papel importante en la evolución humana —me contó—. Los estudios antropológicos demuestran que cantar forma parte de la cohesión de grupo, la comunicación, los rituales de sanación y en la expresión colectiva de las emociones, y el hecho de que se dé en culturas de todo el mundo sugiere que tiene beneficios intrínsecos para los humanos».

La doctora Fancourt cree que los beneficios provienen de las distintas partes que componen el canto: está el placer de sumergirse en la música, la cualidad física de la respiración, además del hecho de que suele ser una actividad social. «Al parecer, cantar activa tantos sistemas diferentes que puede tener múltiples efectos al mismo tiempo», dijo.

Los estudios llevados a cabo por su equipo en la UCL han descubierto que una sola sesión de canto puede ofrecer mejorías en el estado de ánimo y reducciones cuantificables en el estrés y la inflamación. Su equipo también ha medido la mejoría en la función pulmonar en personas con problemas pulmonares y en la memoria en personas con demencia, así como reducciones notables en la presión arterial, la tensión muscular y en la sensación de soledad. Además de esto, los ensayos de la UCL han demostrado que apuntarse a clases de canto reduce de manera significativa la depresión posparto en solo unas semanas.

Los estudios también demuestran que el subidón natural de endocannabinoides que te da cuando cantas puede ayudar a aliviar el dolor. Cuando participé en uno de estos estudios, un voluntario me contó que era más efectivo que todas las pastillas del mundo.

Así que ¿por qué no intentarlo? Una investigación de la British Academy of Sound Therapy demuestra que cantar «música positiva» (se refiere a cualquiera que te guste a nivel personal) durante más de cinco minutos al día basta para mejorar el ánimo. Sigue el consejo de la doctora Fancourt y haz de cantar un hábito diario al enlazarlo con otra actividad, como darte una ducha o preparar el desayuno. Te digo más, apúntate a un coro.

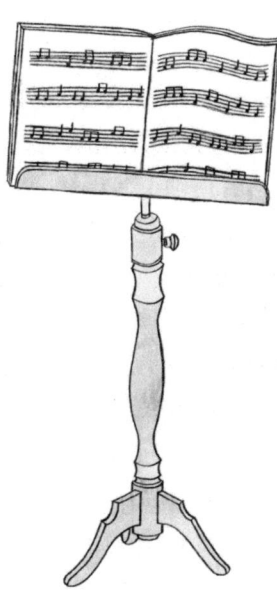

Los estudios demuestran que el subidón natural de endocannabinoides que te da cuando cantas puede ayudar a aliviar el dolor. Cuando participé en uno de estos estudios, un voluntario me contó que era más efectivo que todas las pastillas del mundo.

Pequeños cambios para transformar tu vida

PRIMERA HORA DE LA MAÑANA

medita

Cómo aplicarlo: practica la meditación consciente durante 10 minutos al día.

Muchos de nosotros pasamos por la vida con la cabeza embotada por el ruido de pensamientos autocríticos y que no sirven de nada, y todos y cada uno de ellos compiten por nuestra atención. Estas divagaciones mentales constantes pueden conducirnos a una espiral de sobrerreacción, autodesprecio, depresión e insomnio. Decir «tranquilízate» casi nunca funciona. Aunque sí puedes combatir estos pensamientos al practicar la meditación consciente. En lugar de obsesionarte, puedes tomarte un momento para analizarte a ti mismo y a tus pensamientos desde un enfoque con menos juicio, más razonable.

La meditación consciente, también conocida como *mindfulness* o «atención plena», es una versión moderna de la antigua práctica de la meditación. La buena noticia es que no necesitas ser religioso ni irte de un retiro a un monasterio tibetano para practicarla. Lo que intentas hacer es pasar una pequeña cantidad de tiempo cada día centrando la consciencia en el momento presente en lugar de preocuparte por el pasado o hacer planes de futuro. No intentas ignorar los pensamientos y sentimientos que, inevitablemente, se te cruzarán; tan solo los percibes y los aceptas, sin implicarte con ellos. A mí me resulta útil pensar que los pensamientos y sentimientos negativos son como hojas que caen en un río: las ves, pero no tardan en desaparecer.

La meditación consciente la desarrolló un científico cognitivo llamado Jon Kabat-Zinn en la década de los setenta. Sentía interés en emplear prácticas inspiradas en el budismo para reducir el estrés y estudiar sus beneficios mediante la investigación científica. Desde la década de los setenta, se han realizado más de 8.000 estudios sobre la meditación consciente.

Los beneficios clínicamente demostrados son tanto generalizados como impresionantes.

Los escáneres cerebrales muestran que la atención plena puede aumentar la densidad de la materia gris en áreas del cerebro implicadas en la regulación emocional, el aprendizaje y la memoria. Solo seis semanas de práctica diaria bastan para desencadenar mejorías cuantificables en el insomnio, el cansancio y la depresión, además de reducir la ansiedad y el estrés. Incluso se ha demostrado que este impacto en el estrés ayuda a regular los niveles de azúcar en sangre.

La doctora Sara Lazar es profesora adjunta de psicología en la Escuela de Medicina de Harvard y es especialista en neurociencia de la meditación. Sus estudios han demostrado que la atención plena constante puede cambiar las áreas del cerebro asociadas con el miedo y otras emociones fuertes.

«Hemos visto que la amígdala (la implicada principal del cerebro en la "lucha o huida") se vuelve más pequeña —me contó—. Cuanto menor sea su tamaño, menos estrés registran las personas. Aunque el ejercicio es bueno para reducir el estrés, no cambia la forma de la amígdala de la misma manera».

Sus estudios muestran que practicar la atención plena de manera regular puede disminuir la percepción del dolor y mejorar la memoria. «Hemos descubierto que la práctica constante de atención plena puede desencadenar cambios positivos en el hipocampo (la parte del cerebro que maneja la memoria y la atención). Esta parte se deteriora de manera natural con la edad, pero la atención plena parece darle un impulso», dijo.

En los estudios de la doctora Lazar, los voluntarios practicaron 40 minutos todos los días durante ocho semanas, aunque dice que es muy beneficiosa con practicar 10-15 minutos al día varias veces por semana.

Cuanto más la practiques, más fácil se vuelve y, con el tiempo, serás capaz de sentir los beneficios relajantes del modo *mindfulness* cada vez que lo necesites (que normalmente será cuando tu mente esté más activa).

Prueba este sencillo ejercicio.

RESPIRACIÓN CONSCIENTE

Reserva un rato cada día para ello. No tiene por qué ser por la mañana; algunas personas prefieren la tarde o la noche… Como mejor te convenga.

Siéntate en una silla cómoda en una habitación donde no te vayan a molestar. Apoya las manos en los muslos, relaja la atención o cierra los ojos. Después, durante los próximos minutos, intenta concentrarte en tu respiración.

Céntrate en cómo expulsas el aire por la nariz o la boca, en la manera en que tu abdomen sube y baja. Si te sirve de ayuda, cuenta las respiraciones a medida que avances, en unidades de 10.

Percibe el peso de tus manos sobre los muslos y siente los pies en el suelo. Cuando tus pensamientos regresen a las preocupaciones del día, que lo harán, vuelve a prestar atención a tu respiración con amabilidad.

Yo me imagino mi mente como un caballo desbocado que odia que lo sujeten de esta manera. Para empezar, descubrirás que el caballo está constantemente tratando de escapar. Tan solo devuelve la atención con amabilidad a la respiración y al momento presente. Con el tiempo, el caballo se acostumbrará.

Quizá te resulte más fácil dominarla, sobre todo para empezar, si te unes a un grupo o te descargas una aplicación de *midfulness* como Calm o Headspace. Si lo practicas con una aplicación, probablemente te recomiende que empieces con un par de minutos al día antes de aumentar a 10 minutos o más.

Tanto mi hermana, Susie Stead, como mi cuñado, Tim Stead, enseñan *mindfulness* en el Oxford Mindfulness Centre, reconocido a nivel mundial. Aquí tienes dos de sus sugerencias para otras formas de integrar la atención plena en tu día:

MOMENTO PRESENTE

Cuando te levantes por la mañana, pon la alarma del móvil a una hora aleatoria del día. Cuando suene, deja lo que estés haciendo y mira a tu alrededor. Fíjate en dónde estás, a quién tienes cerca y qué pensamientos atravesaban tu mente cuando sonó la alarma. Pregúntate cómo andas de humor. ¿Cómo te sientes? Percibe tu cuerpo. ¿Cómo va esa rodilla? Dale una vuelta a qué te gustaría hacer ahora (no lo que haces siempre, sino algo diferente). La cuestión del ejercicio es alterar tu rutina habitual y que te des cuenta de que tienes opciones.

MINDFULNESS **EN LA NATURALEZA**

Sal fuera, a un parque cercano, al bosque o al campo. Encuentra un árbol interesante o unas flores y míralos. Pero míralos de verdad. No necesitas saber su nombre; tan solo pasa un rato admirando sus colores, sus patrones, la forma en que crecen. Mientras lo hagas, tu mente divagará. Empezarás a pensar en qué tienes que hacer a continuación o qué vas a comer en la próxima comida. Intenta regresar a la flor. Solo durante unos minutos.

NOTA: la atención plena puede provocar que recuerdos antiguos vuelvan a la superficie sin que te lo esperes, así que si has pasado por un momento traumático, busca el apoyo de un buen profesional de la salud mental.

Cuanto más la practiques, más fácil se hace y, con el tiempo, serás capaz de sentir los beneficios relajantes del modo *mindfulness* cada vez que lo necesites (que normalmente será cuando tu mente esté más activa).

Pequeños cambios para transformar tu vida

PRIMERA HORA DE LA MAÑANA

paseo
mañanero

Cómo aplicarlo: cada mañana, sal a dar un paseo enérgico una o dos horas después de levantarte.

Me he reservado el mejor de los pequeños cambios para el final de esta sección: dar un paseo mañanero. Es algo que juro que te cambia la vida. Lo creas o no, salir y darte una vuelta antes que nada —una o dos horas después de levantarte— puede mejorar tu sueño, tu estado anímico, tu forma física y reducir el riesgo a sufrir una enfermedad cardiaca y diabetes.

A mí me encanta dar un paseo por la mañana. Incluso cuando hace frío y llueve, me enfundo las botas, tomo el paraguas y me pongo en marcha. Salir temprano (lo ideal es que sea una o dos horas después de levantarse) significa que obtendrás los beneficios de salud no solo del ejercicio, sino también de la exposición a la luz natural. Y si caminas por un espacio natural, como un bosque o un parque, aún mejor. Lo mejor es llevarse al perro. Los dos lo apreciaréis de verdad.

Lo primero en lo que me fijo cuando salgo con nuestra perra, Tari, que me pisa los talones mientras ladra, es en esa luz tan clara. Los niveles de luz en el exterior son al menos 10 veces más brillantes que dentro de casa, y cuando esta luz incide en los sensores que tienes tras los ojos, estos envían mensajes a una parte del cerebro llamada glándula pituitaria, y le ordena que deje de producir la hormona melatonina.

A la melatonina se la conoce como la «hormona de la oscuridad», porque aumenta sus niveles a última hora de la tarde, lo que te ayuda a dormir por la noche.

Además de espabilarte, la luz brillante del exterior te ayuda a resetear el reloj biológico interno que, a su vez, ayuda a regular el hambre, el estado de ánimo, la temperatura corporal y toda clase de otros importantes procesos corporales. Este reseteo del reloj interno también significa que, al final del día, cuando te vayas a la cama, estés preparado para dormir.

Las investigaciones demuestran que cuanto más temprano te expongas a la claridad de la luz, mayor impacto tendrá en la calidad y cantidad del sueño. En un estudio llevado a cabo en 2017, pidieron a unos oficinistas que llevasen aparatos de medición lumínica durante una semana en verano, y luego en invierno. También llevaron un registro del sueño y rellenaron cuestionarios sobre su estado anímico.

Los investigadores descubrieron que las personas que más se habían expuesto a la luz por la mañana se quedaban dormidas más rápido y su descanso se veía menos alterado durante la noche. También eran menos propensas a informar de sentimientos de depresión y estrés.

Un paseo corto por la mañana puede ser una manera estupenda de mejorar el estado de ánimo si, como yo y muchas otras personas, sufres de trastorno afectivo estacional (TAE), también conocido como depresión estacional. Durante los largos meses de invierno, tendemos a pasar más tiempo en interiores y, por tanto, estamos mucho menos expuestos a la luz del día, lo que puede desbaratar nuestros ritmos circadianos. La exposición a la luz brillante del día también desencadena la liberación de un neurotransmisor llamado serotonina, que fomenta el estado anímico de manera natural y que se encuentra en niveles bajos en personas con TAE.

Lo ideal es que pases 30 minutos en el exterior para obtener todos los beneficios. Si no tienes tiempo de dar un paseo tan largo o vives en un lugar donde predominen las mañanas oscuras y plomizas, puedes invertir en una lámpara de fototerapia, una pantalla que produce al menos 10.000 lux de luz (la luz de interiores típica suele producir unos 200 lux). Yo utilizo la mía en invierno y la coloco a mi lado mientras desayuno o trabajo en el ordenador.

Si puedes, sin embargo, intenta encajar el paseo por la mañana. Además de exponerte a un montón de luz, cualquier paseo —corto, largo, rápido o lento— reforzará la musculatura y los huesos, reducirá el dolor articular y muscular, quemará unas cuantas calorías y aumentará los niveles de energía.

Y si quieres sobrealimentar tu paseo diario, camina más rápido, al ritmo al que irías si tuvieras prisa por llegar a alguna parte. Un paseo enérgico significa tener como objetivo dar unos 100 pasos por minuto, algo que te resultará más fácil de conseguir si escuchas música con un ritmo adecuado (consulta el destacado de la página siguiente). Incluso puedes añadir otro pequeño cambio si te pones a cantar.

Caminar rápido no solo te pone en forma en comparación a un paseo tranquilo, incluso puede alargarte la vida. En 2018, un estudio de la Universidad de Ulster analizó el hábito de caminar en 50.000 personas y descubrió que aquellos que daban un paseo enérgico de manera regular tenían un 24 por ciento de menos probabilidades de morir durante el periodo de tiempo estudiado frente a aquellos que afirmaron caminar despacio.

Andar rápido aumenta la frecuencia cardiaca, lo que resulta más exigente para el sistema cardiovascular y, por tanto, mantiene la salud cardiaca y ayuda a reducir la tensión arterial. Por eso, las personas que caminan rápido tienen un 21 por ciento de menos probabilidades de morir de una cardiopatía que sus amigos más sedentarios.

Si un paseo de 30 minutos no te resulta realista, intenta dividir el paseo en franjas de 10 minutos. Esto no solo romperá con el tiempo que pasas sentado, sino que también le dará un miniimpulso a tu metabolismo y lo mantendrá elevado a lo largo del día.

SIGUE EL RITMO

Un paseo rápido significa dar unos 100 pasos, o «pulsos», por minuto. Si cuentas con un servicio de música en *streaming*, puedes buscar pistas de 100 ppm para crear tu propia lista de reproducción para caminar, aunque puedes probar estos clásicos populares para calentar motores:

Beyoncé – *Crazy in Love*
Shakira – *Hips Don't Lie*
Lynyrd Skynyrd – *Sweet Home Alabama*
KT Tunstall – *Suddenly I See*
Maroon 5 – *She Will Be Loved*
Stevie Wonder – *Superstition*
ABBA – *Dancing Queen*
Imagine Dragons – *On Top of the World*
U2 – *I Still Haven't Found What I'm Looking For*
Prince – *Let's Go Crazy*
Tears for Fears – *Shout*
Wilson Phillips – *Hold On*

¿ANTES O DESPUÉS DE DESAYUNAR?

Para serte sincero, esto depende mucho de lo que a ti te funcione mejor. Si desayunas, caminar a paso rápido después puede ayudarte a quemar algunos de los azúcares y grasas que, de otra manera, seguirían dando vueltas por tu sistema. Por otro lado, caminar en ayunas (es decir, con el estómago vacío) puede darte un empujoncito para entrar en modo quemagrasa.

Pequeños cambios para transformar tu vida

DESAYUNO

cambia el horario
de tus comidas

Cómo aplicarlo: retrasa el desayuno una hora e intenta no comer tres horas antes de irte a la cama.

Cuando te levantas por la mañana, tal vez tengas prisa y estés deseando desayunar y salir por la puerta. O puede que estés tan contento si esperas un rato antes de comer (a muchas personas no les entra hambre hasta más tarde).

Un motivo por el que quizá te interese retrasar el desayuno si no te notas famélico es que, si lo haces, estarás alargando el ayuno de la noche (es decir, el tiempo que ha transcurrido desde tu última comida).

Alargar el ayuno de la noche se conoce como alimentación restringida en el tiempo (TRE, por sus siglas en inglés), y está basada en investigaciones que demuestran los múltiples beneficios para la salud que tiene hacer un desayuno ligeramente más tardío y una cena más temprana (y, por supuesto, ¡sobra decir que sin tentempiés nocturnos!). La TRE es una forma muy popular de ayuno intermitente y a veces se conoce como 16:8 o 14:10.

16:8 es la versión más difícil de la TRE, ya que implica ayunar durante 16 horas y comer solo en una horquilla de 8 horas. Puede que esta sea la más efectiva, pero es más complicado ceñirse a ella. Personalmente, creo que cualquiera que consiga hacer un ayuno nocturno de más de 12 horas va por buen camino, sobre todo porque muchos de nosotros nos hemos acostumbrado a comer poco después de levantarnos y que sea lo último que hacemos por la noche, cuando nos tomamos un tentempié o un vaso de leche.

La idea de restringir las horas en las que comes no es nada nuevo. Hace más de 2.000 años, el Buda abogó por no comer después del mediodía, porque decía que la práctica le daba «buena salud». Ahora, la ciencia moderna sugiere que el Buda igual estaba en lo cierto.

La primera vez que me topé con la ciencia de la TRE era 2012, mientras escribía un libro llamado *La Fast Diet,* que trataba sobre las distintas formas de ayuno y restricción calórica. Como explicaba en la introducción, el libro se centraba en una aproximación novedosa que estaba probando llamada 5:2 (por la que eliminas la ingesta de alimentos durante dos días a la semana y comes con normalidad los otros cinco), pero también investigué la ciencia tras la TRE. En ese momento, el científico más destacado que estaba trabajando en ella era el profesor Satchin Panda, del Salk Institute de California. Hacía poco había publicado un estudio en el que habían alimentado a dos grupos de ratones con una dieta alta en grasas. Ambos grupos recibían la misma cantidad de comida, pero a uno le permitían comer cuando quisiera, mientras que el otro tenía que comérsela en un periodo de ocho horas.

Después de 100 días, había diferencias exageradas entre los dos grupos. Los ratones que habían comido cuando querían presentaban niveles mucho más altos de colesterol y azúcar en sangre, y habían ganado más peso (un 28 por ciento más) que los ratones que ayunaban durante 16 horas.

Desde entonces, se han realizado numerosos estudios en humanos que han demostrado que alargar el ayuno de la noche y comer durante una ventana más pequeña durante el día puede reducir la tensión arterial y los niveles de colesterol, ayudar a perder peso, mejorar el sueño, reducir el riesgo de desarrollar diabetes de tipo 2 e incluso puede aminorar el ritmo al que el cerebro se deteriora a medida que envejecemos.

Como demostró el profesor Panda, buena parte de esto se debe a nuestros relojes internos, esos que controlan los ritmos circadianos (los procesos naturales que regulan nuestro ciclo de sueño-vigilia). Cenar tarde, mientras el cuerpo se prepara para dormir, puede desincronizar nuestro sistema. Esto también implica que la grasa y el azúcar que acabamos de ingerir permanecerán en nuestro torrente sanguíneo durante mucho más tiempo que si los hubiésemos consumido más temprano, y eso no pinta bien para el corazón, además de tener el potencial de alterar nuestro descanso.

El profesor Panda me contó que él, a título personal, sigue la aproximación 14:10, y aquí es donde también se centran muchas de las investigaciones modernas. Su patrón preferido para comer es desayunar sobre las ocho de la mañana (unas dos horas después de despertarse) y luego cena con su familia sobre las seis de la tarde, lo que le da 14 horas de ayuno durante la noche.

Hace poco entrevisté a otra de las investigadoras líderes del Salk Institute, la doctora Emily Manoogian, especialista en los relojes del cuerpo y ritmos circadianos. «*Qué* comes y *cuánto* comes siempre será importante, pero ahora sabemos que *cuándo* comes es un tercer componente fundamental para la buena nutrición», me contó.

La doctora Manoogian afirma que comer a todas horas del día y de la noche, como hacemos muchos de nosotros, altera el ritmo circadiano natural del cuerpo, y lo único que quiere este es que la mayoría de nuestros sistemas estén más activos durante el día e inactivos durante la noche.

«Cuando dormimos, el cuerpo debería estar en un estado de descanso y reparación, pero si te vas a la cama después de haber estado comiendo toda la tarde, el cuerpo tendrá que centrarse en hacer la digestión —dice—. Puedes acabar con niveles de glucosa en sangre elevados durante toda la noche, lo que aumenta el riesgo de sufrir diabetes.

»La alteración crónica de este sistema provoca que se disparen las tasas de enfermedades y se dé un aumento de peso, de la tensión arterial e inflamación. Pero si se restringe la ventana de tiempo en la que comemos, ofreceremos un fuerte apoyo al ritmo circadiano y esto puede suponer una gran diferencia para que nuestro cuerpo funcione mejor».

Como extra, la TRE puede desembocar en una pérdida ligera de peso, sobre todo porque estarías eliminando el tentempié de madrugada. Y como tu cuerpo no tiene que digerir grandes cantidades de comida bien entrada la noche, también mejora el sueño. De hecho, los estudios de la doctora Manoogian han demostrado que cuando dejas de comer tres horas antes de acostarte, duermes mejor y te despiertas sintiéndote más descansado al día siguiente.

Ella recomienda incorporar la TRE como parte de un estilo de vida saludable, independientemente de tu estado de salud actual, y sugiere optar por la ventana de ingesta de 8-10 horas que mejor te venga, una que puedas mantener bien cada día de la semana.

Lo ideal, dice, es que empieces la ventana una o dos horas después de despertarte por la mañana, y que acabe tres o cuatro horas antes de irte a dormir. «Si es posible, intenta ingerir la mayor parte de las calorías durante la primera mitad del día y, para unos mejores resultados, trata de dormir de manera consistente 8 horas cada noche», añade.

Fuera de la ventana de ingesta, mientras «ayunas» de manera efectiva, recomienda beber solo agua, fría o caliente. «La leche es un no rotundo —dice—. Algunos ensayos clínicos aceptan el té negro y el café, pero existe un debate sobre la forma en que la cafeína afecta a la regulación de la glucosa, así que limítate al agua caliente o fría fuera de la ventana de ingesta si puedes».

Le pedí a Steph que lo intentase.

CASO PRÁCTICO

Steph

«Para mí, el desayuno siempre ha sido a las 8.00, y solía picar durante el día, y comía galletas delante de la tele hasta las 22.30 de la noche. Pero alargar las nueve horas de "ayuno" a 14 horas significa que tengo que saltarme el desayuno y decir "no" al ten-tempié de por la noche. Confieso que lo más difícil ha sido dejar de comer después de las 19.00. Ayuda que aún puedo tomar chocolate durante las horas en las que como, pero admito que de vez en cuando me lo salto. El mayor cambio ha sido pasar la comida principal a las 14.00 todos los días; me funciona muy bien y eso significa que ya no me muero de hambre ni me lanzo a por los tentempiés cuando llego a casa del trabajo a las 17.00».

Hace más de 2.000 años, el Buda abogó por no comer después del mediodía, porque decía que la práctica le daba «buena salud». Ahora, la ciencia moderna sugiere que el Buda igual estaba en lo cierto.

Pequeños cambios para transformar tu vida

DESAYUNO

bebe
agua

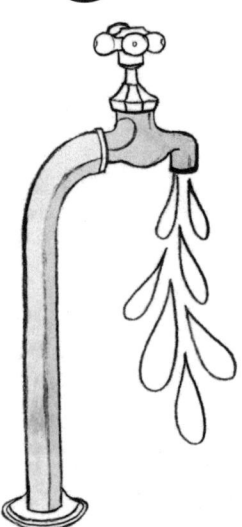

Cómo aplicarlo: intenta beber un vaso de agua con cada comida.

Para muchos de nosotros, lo primero que tomamos casi en cuanto salimos de la cama es una taza de café o de té. No hay duda de que ambos nos resucitan, pero puede que sea mejor esperar al desayuno para tomar nuestra buena dosis de cafeína (consulta la página 81). En vez de eso, ¿por qué no intentas beberte un vaso de agua? Los estudios demuestran que mantenerse correctamente hidratados puede mejorar la atención y nos ayuda a resolver problemas; también potencia el rendimiento físico, ayuda a relajarnos y a mejorar el estado anímico.

El agua compone hasta el 60 por ciento de nuestro cuerpo y el 90 por ciento del cerebro, así que no es ninguna sorpresa que juegue un papel básico en nuestra vida. Necesitamos agua para hidratar la piel, digerir la comida y permitir que nuestros riñones expulsen los desechos. También es muy importante para reemplazar el agua que perdemos con el sudor, sobre todo si hace calor o hacemos ejercicio.

El agua es tan fundamental para nuestro cerebro que incluso perder un 1-2 por ciento de ella basta para alterar nuestra función cognitiva. Por eso los estudios sobre la rehidratación han demostrado que beber más agua mejora tanto la memoria de trabajo como a corto plazo, y puede disminuir de manera significativa los dolores de cabeza frecuentes.

Beber más agua también te puede ayudar a perder peso. En un estudio reciente, dos grupos siguieron la misma dieta de pérdida de peso, salvo que a un grupo le pidieron que bebiese medio litro de agua antes de cada comida. Ese grupo acabó consumiendo menos calorías y perdió más peso.

Así que ¿cómo juzgas cuándo y cuánta agua beber? Algunas personas sugieren que la sed es la pista más obvia, pero como me contó Stuart Galloway, profesor de fisiología deportiva de la Universidad de Stirling, no deberíamos esperar a tener sed.

«Para cuando te notas sediento, tu contenido de líquido probablemente esté un 1-2 por ciento por debajo de tu masa corporal, y eso es bastante bajo —dice—. A este nivel, la deshidratación puede afectar a tus capacidades físicas y también a algunas de tus facultades mentales, así como a tu estado de ánimo, y provocar una sensación de cansancio».

El profesor Galloway recomienda ceñirse a las directrices europeas de beber unos dos litros de agua al día para los hombres y 1,6 litros para las mujeres: «Utiliza el color de la orina (debería ser de un amarillo pálido) y el número de veces que vas al baño como guía —añade—. Intenta hacer entre seis y siete viajes al lavabo al día; si solo vas tres o cuatro veces, seguramente no estés bebiendo lo suficiente».

Así que, junto con tus «5 al día» (la cantidad de frutas y verduras que deberías consumir cada día), hay otra cifra que debes recordar: «7 al día»: el número de viajes al lavabo en 24 horas.

«Puedes tomar té y café como parte de tu ingesta de líquidos, pero en cuanto te tomes la quinta taza de café, puede que la cafeína empiece a tener un efecto diurético», advierte.

Beber un vaso de agua con cada comida te ayudará a cumplir con el objetivo de la ingesta de líquido diario y así te asegurarás de permanecer hidratado a lo largo del día. Creo que el agua es estupenda. No contiene calorías, es gratis y está riquísima (sobre todo si la tomas fresca con una rodaja de limón).

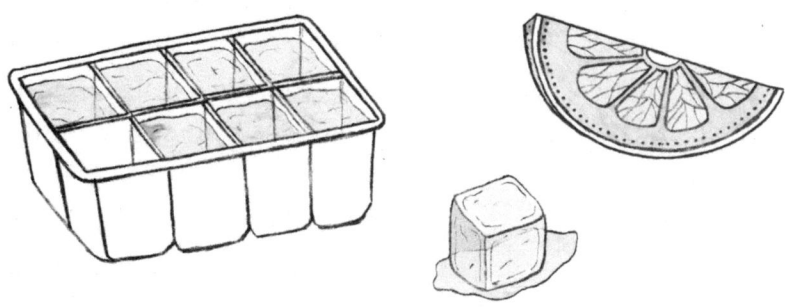

Beber más agua también te puede ayudar a perder peso. En un estudio reciente, dos grupos siguieron la misma dieta de pérdida de peso, salvo que a un grupo le pidieron que bebiese medio litro de agua antes de cada comida. Ese grupo acabó consumiendo menos calorías y perdió más peso.

Pequeños cambios para transformar tu vida

DESAYUNO

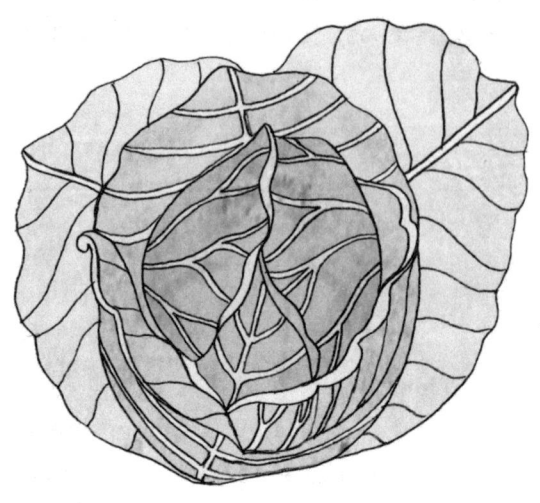

toma alguna
bacteria

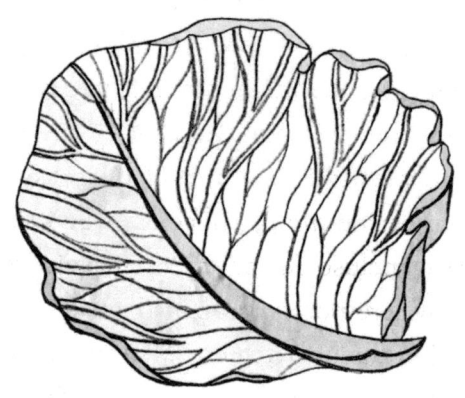

Cómo aplicarlo: prueba a tomar chucrut u otros alimentos fermentados, como el kimchi o el kéfir.

Decidas o no retrasar el desayuno (y algunas personas incluso se lo saltan), la gran pregunta es: ¿qué vas a tomar? En la época victoriana, la clase media desayunaba pescado, huevos y carne, mientras que los pobres tomaban gachas o *gruel*. Más tarde, en 1894, el doctor John Harvey Kellogg y su hermano, William Keith, comenzaron a producir y promocionar los cereales (copos de maíz que más adelante endulzarían con azúcar) como una manera saludable de comenzar el día.

El doctor Kellogg, un eugenista prominente que defendía esterilizar a las «personas mentalmente defectuosas», también creía que tomar cereales drenaría la energía sexual de los jóvenes y que así dejarían de masturbarse, una actividad horrible que afirmaba que provocaba cáncer de útero, infecciones de orina, impotencia, epilepsia, locura e incluso la muerte. «Una víctima así —escribió— en verdad muere por su propia mano».

No soy muy fan de los cereales de desayuno, ya que muchos de ellos contienen hasta un 35 por ciento de azúcar. Prefiero desayunar arenques ahumados, gachas con nueces tostadas o huevos. Estos últimos son una gran fuente de proteína y te mantendrán saciado durante más tiempo. Además, suelo acompañar los huevos con una buena cucharada de chucrut morado casero.

Creo que la acidez del repollo encurtido realza mucho el sabor cremoso de los huevos, pero también me gusta tomarlo porque está repleto de bacterias beneficiosas.

La fermentación es un excelente método de conservación para la comida que se lleva utilizando desde hace miles de años. Últimamente, los alimentos fermentados se han vuelto tendencia por las múltiples afirmaciones sobre sus beneficios para la salud, como la pérdida de peso y que refuerza el sistema inmunológico, aunque solo algunas de ellas se han demostrado científicamente.

Si hay algo claro es que estos últimos años ha habido un aluvión de investigaciones sobre el microbioma intestinal: las miles de especies distintas de microbios que viven en el intestino y que tienen un gran impacto sobre la salud. El microbioma intestinal está compuesto por cien mil millones de microbios, una mezcla de bacterias, virus y hongos. Juntos, pesan unos 2 kilos, más que el cerebro. Componen casi la mitad de las células del cuerpo, lo que significa que, si lo piensas, eres mitad humano mitad microbioma.

De hecho, en una ocasión un científico estimó que, como las heces están compuestas por bacterias en su mayor parte, cada vez que haces de vientre te vuelves —durante un breve instante— un poco más humano que microbio.

El microbioma intestinal es como una compleja selva tropical y, como tal, alberga una rica diversidad de vida, y todas luchan por la supervivencia. Algunos de estos microbios intestinales parecen ser buenos para la salud; otros, no tanto.

Sabemos que el microbioma puede influir en nuestro sistema inmunológico y alterar la actividad de elementos como nuestras células asesinas naturales, una parte vital de las defensas de nuestro cuerpo. Algunas de ellas están muy versadas en convertir la fibra de nuestra dieta en compuestos antiinflamatorios, los cuales son muy beneficiosos, ya que la inflamación crónica provoca enfermedades como la diabetes de tipo 2, enfermedades cardiacas y demencia.

Pero quizá el descubrimiento más sorprendente es la relación entre el intestino y el cerebro. Parece ser que hay ciertos microbios intestinales que influyen en nuestro estado anímico. Hay incluso un término nuevo para describir a estos microbios: psicobióticos.

La doctora Kirsten Berding Harold es una nutricionista especializada en el microbioma del University College de Cork. Me contó que, probablemente, la función antiinflamatoria de estos microbios sea el mayor efecto positivo que tienen sobre la salud.

Uno de sus estudios más recientes demostró que cambiar la dieta de los voluntarios a una repleta de granos enteros y verduras, además de dos o tres porciones de kéfir (una versión ácida de la leche fermentada), chucrut o kimchi (la versión coreana del chucrut) cada día dio como resultado unos niveles de estrés notablemente más bajos y una mejor puntuación en estado anímico en solo cuatro semanas.

Actualmente, la doctora Berding Harold y su equipo están explorando la dieta saludable para el intestino como terapia complementaria para las personas con depresión resistente a los tratamientos.

Sin embargo, no esperes un milagro instantáneo con tomarte la primera cucharada de chucrut. La doctora Berding Harold recomienda adoptar una dieta de alimentos integrales y evitar aquellos que tengan un efecto tóxico para las bacterias intestinales (es decir, alimentos procesados con mucha grasa, sal y azúcar), y luego añadir una porción de alimentos fermentados. A propósito, incluir alimentos fermentados en la dieta puede provocarte muchos gases, así que ¡empieza poco a poco!

CÓMO MEJORAR LAS BACTERIAS BUENAS

Puedes comprar chucrut o kombucha (té fermentado) y el kéfir en el supermercado, pero comprueba que contengan bacterias vivas. Personalmente, creo que es mejor, y mucho más barato, si lo preparas tú mismo.

Chucrut morado de la doctora Clare Bailey
200 g de remolacha (rallada)
1 kg de col lombarda (picada muy fina)
½ manzana pequeña, pelada, sin corazón y picada muy fina
1 cdita. de semillas de hinojo
1 cdita. de semillas de cilantro
2 cditas. de cristales de sal marina
un tarro de cristal grande de 1 litro con cierre hermético

Asegúrate de lavarte las manos a conciencia. Luego, con guantes de látex para evitar mancharte la piel, mezcla todos los ingredientes en un bol grande y remueve enérgicamente para ablandar la lombarda hasta que la sal extraiga el líquido. Luego vierte la mezcla, incluidos los jugos, en un tarro de cristal limpio con cierre hermético, y deja unos 2 centímetros sin cubrir para que la mezcla pueda burbujear y efervescer. Las verduras deberían quedar por debajo del nivel de los jugos (tal vez tengas que añadir agua filtrada para que esto ocurra). Cierra la tapa y deja el tarro a temperatura ambiente; ábrelo todos los días y presiona las verduras para que liberen burbujas durante una semana. Pruébalo de vez en cuando. Si no está listo, repítelo durante unos 10 días aproximadamente (cuanto más tiempo lo dejes, más agrio estará). Cuando esté preparado, puedes guardar el chucrut en el frigorífico durante varios meses. Debería oler dulce y ácido.

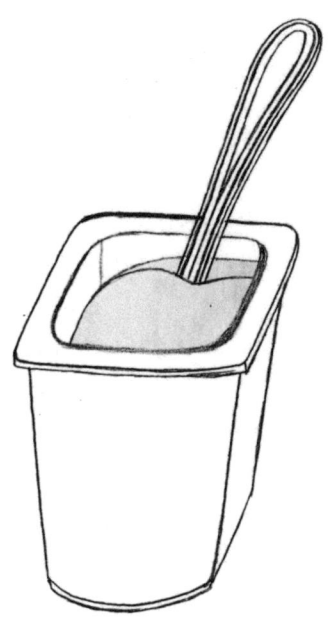

Pequeños cambios para transformar tu vida

DESAYUNO

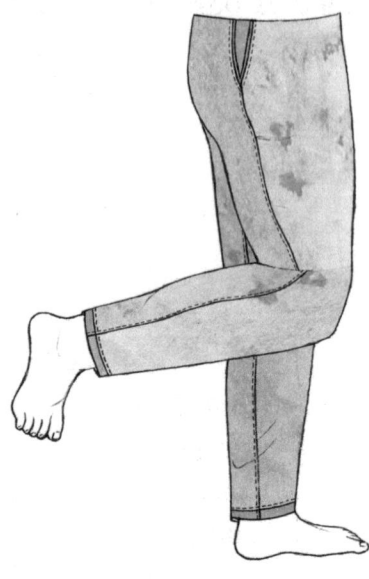

mantén el equilibrio sobre una pierna

Cómo aplicarlo: eleva una pierna y activa los músculos de los abdominales para ayudarte a mantener el equilibrio.

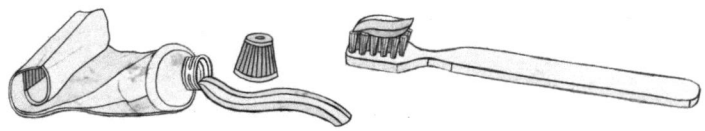

Después de desayunar, por supuesto, toca lavarse los dientes. Y si asomases la cabeza por la puerta del baño mientras me cepillo los míos, me verás manteniendo el equilibrio sobre una pierna. Lo hago durante dos minutos, y cambio de pierna cada 30 segundos más o menos. A veces, si me siento valiente, incluso cierro los ojos y me concentro mucho en no tambalearme.

Hago esto para mejorar el equilibrio, y el motivo detrás de ello es que las investigaciones dicen que, al mejorar el equilibrio, reduzco el riesgo de sufrir lesiones, mejoro la postura e incluso puedo ganar años de vida. Las caídas, parece ser, son la segunda causa más común de muerte accidental en todo el mundo, justo por detrás de los accidentes de coche. Y tener un buen sentido del equilibrio es crítico para reducir el riesgo a caerte.

El equilibrio es algo que muchos de nosotros damos por sentado, pero es como la fuerza muscular: ¡si no lo usas, lo pierdes! Y, en realidad, estar de pie sobre ambas piernas es bastante difícil. No fue hasta hace 6 millones de años que nuestros ancestros lejanos consiguieron hacerlo de manera consistente, y desarrollar esto les permitió avistar depredadores y tener las manos libres para fabricar herramientas.

Cuando estás de pie, lo que evita que te caigas son los mensajes que recibes de los sensores del oído interno, músculos, articulaciones y ojos. Todos trabajan codo con codo para decirle al cerebro que tu cuerpo está en el espacio, lo que te permite de manera inconsciente cambiar el peso para que no te tropieces.

Empezamos a perder la habilidad del equilibrio —como muchas otras cosas— cuando nos adentramos en los cuarenta y los cincuenta, y en realidad no lo pensamos mucho hasta que nos tropezamos o nos caemos.

De hecho, hay algunos indicios de que nuestro actual estilo de vida sedentario provoca el deterioro de la capacidad de equilibrio con mayor rapidez que en generaciones anteriores. Dawn Skelton, una fisioterapeuta del deporte y profesora de la edad y la salud en la Universidad de Glasgow Caledonian, me contó que «un buen equilibrio implica que estés de pie con frecuencia y cada generación se ha vuelto menos activa de manera progresiva, ya que pasamos más tiempos sentados frente a una pantalla».

Sin embargo, la buena noticia es que los estudios demuestran que puedes mejorar el equilibrio en poco tiempo. Esto tendrá un efecto positivo en la fuerza de los abdominales y la coordinación. Y como el equilibrio implica la gran hazaña de coordinar los músculos, oído interno y ojos, también es un gran indicador de lo bien que envejecemos.

En un estudio que comenzó en 1999, los investigadores del Medical Research Council de Reino Unido realizaron tres test sencillos en 2.760 hombres y mujeres que, en ese momento, tenían 53 años. Los test incluían medir la fuerza de agarre, lo rápido que se ponen de pie desde una posición de sentados y cuánto tiempo son capaces de mantener el equilibrio sobre una pierna con los ojos cerrados.

Cuando los investigadores regresaron 13 años después, descubrieron que 177 voluntarios habían muerto: 88 de cáncer, 47 de enfermedades cardiacas y el 42 por ciento por otras causas. Y cuando revisaron los datos, descubrieron que el test que mejor había pronosticado la probabilidad de que alguien muriese era el de mantener el equilibrio sobre una pierna con los ojos cerrados. Aquellos a los que peor les fue —los que solo aguantaban un par de segundos— tenían tres veces más de probabilidades de haber muerto que aquellos que lograron mantenerse en pie durante 10 segundos o más.

Entonces, ¿por qué el equilibrio es tan buen indicador de envejecer de forma sana? Se lo pregunté a la profesora Skelton. «Un buen equilibrio requiere que el cerebro integre información de muchas partes del cuerpo, y cualquier problema podría ser una señal de que el cuerpo está luchando por integrar y actuar en base a toda esa información —me contó. Luego añadió—: Si el cerebro no lo está haciendo bien con el equilibrio, puede que tampoco le vaya bien con la coordinación de otras áreas importantes como los sistemas hormonal y cardiovascular».

Si quieres probar el test, necesitarás a un amigo con un reloj o móvil con cronómetro. Empieza por quitarte los zapatos. Ahora coloca las manos sobre las caderas y mantén el equilibrio sobre una pierna. Cuando estés listo, cierra los ojos. Te decepcionará ver lo rápido que empiezas a balancearte. El test acaba en cuanto mueves el pie que tienes apoyado o tienes que bajar el pie elevado al suelo para no caerte. Para obtener una puntuación exacta, realiza la media de tres intentos.

CASO PRÁCTICO

Annette, 50

«Cuando intenté la postura del árbol, en equilibrio sobre una pierna, durante una clase de yoga, mi árbol se tambaleó mucho, así que tenía ganas de ver si la práctica constante y diaria me ayudaría. Al principio solo podía mantenerme sobre una pierna durante unos segundos. Aunque pronto logré alargar la cantidad de tiempo. Te aseguro que es más fácil si mantienes los ojos abiertos y te concentras en un punto sobre la pared. Cuando cerraba los ojos, sin embargo, notaba de verdad cómo los músculos abdominales se veían obligados a actuar. Definitivamente, cada vez me resulta más fácil y estoy segura de que seré toda una profesional de la postura del árbol de yoga ¡en menos de lo que canta un gallo!».

¿CUÁNTO TIEMPO DEBERÍAS SER CAPAZ DE MANTENER EL EQUILIBRIO SOBRE UNA PIERNA?

Las siguientes cifras están basadas en un estudio en el que unos investigadores estadounidenses pidieron a personas de distintos grupos de edad que mantuvieran el equilibrio sobre una pierna, de manera que pudieran determinar cuánto es «normal».

Las personas menores de 40, con los ojos abiertos, obtuvieron una media de 45 segundos. Con los ojos cerrados: 15 segundos.

Las personas entre 40-49 con los ojos abiertos, obtuvieron una media de 42 segundos. Con los ojos cerrados: 13 segundos.

Las personas entre 50-59 con los ojos abiertos, obtuvieron una media de 41 segundos. Con los ojos cerrados: 8 segundos.

Las personas entre 60-69 con los ojos abiertos, obtuvieron una media de 32 segundos. Con los ojos cerrados: 4 segundos.

Las personas entre 70-79 con los ojos abiertos, obtuvieron una media de 22 segundos. Con los ojos cerrados: 3 segundos.

Para mejorar el equilibrio, prueba a hacer yoga, taichí, utilizar una «tabla de equilibrio», caminar de espaldas (con cuidado) o limítate a quedarte de pie sobre una pierna mientras te lavas los dientes o pones la tetera a hervir, como hago yo. Si puedes incorporar ejercicios de equilibrio a tu rutina diaria, de verdad que puede tener un impacto que te cambie la vida. Menos caídas significa menos probabilidades de fracturas. Aumentarás la fuerza abdominal, la postura y la coordinación. También es más probable que camines recto en lugar de encorvado, lo que te hará parecer más joven e incluso mejorará tu estado de ánimo.

Pequeños cambios para transformar tu vida

DESAYUNO

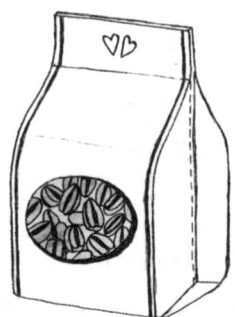

bebe café

Cómo aplicarlo: bebe entre una y tres tazas de café al día.

Para muchos de vosotros, tomar una buena taza de café probablemente sea uno de los pequeños hábitos que tenéis muy arraigados en vuestra rutina diaria. Sin embargo, aquellos que lo bebéis nada más levantaros por la mañana igual queréis darle una vuelta acerca de retrasar un ratito esa primera taza. Os cuento el porqué.

Antes que nada, lo mejor es que te tomes el café *después* de lavarte los dientes en vez de antes. (Tampoco recomiendo tomarlo justo después; puede que el sabor sea un tanto peculiar. Espera a que tu boca haya tenido tiempo de eliminar el sabor de la pasta de dientes). Si te tomas el café después de cepillarte los dientes significa que es menos probable que los dañes y se te manchen. Esto sucede porque el café es ácido y puede debilitar el esmaltado, la capa externa y protectora de los dientes. Si te los lavas justo después de tomar el café, es como utilizar un papel de lija: causa microabrasiones. También es más probable que te manches los dientes porque, aunque el café no mancha el esmalte, sí tiñe la placa, que con suerte habrás eliminado al pasarte el hilo dental y con el cepillado asiduo.

Otro motivo para retrasar el café hasta después de lavarte los dientes es que tomártelo nada más levantarte no es bueno para tu cuerpo. O, al menos, es lo que el doctor James Betts, profesor de fisiología metabólica en la Universidad de Bath, me contó.

«Para la mayoría de nosotros —me dijo—, nuestro remedio para una mala noche de sueño es levantarnos y tomarnos un café bien cargado. Pero esto es malo para el cuerpo porque la falta de sueño eleva los niveles de la hormona del estrés, el cortisol, que luego dispara los niveles de azúcar en sangre a unos niveles nada saludables».

Resulta que beber café nada más levantarnos provoca ambos problemas. De hecho, el profesor Betts ha llevado a cabo estudios que demuestran que beber café después de dormir mal por la noche puede desembocar en un aumento de más del 50 por ciento de los niveles de azúcar en sangre cuando has desayunado que si esperas a tomarte el café hasta después de comer.

Incluso si has dormido bien, experimentarás este aumento de los niveles de cortisol (a esto se lo conoce como «respuesta del cortisol al despertar»), que empieza un par de horas antes de despertarte y llega a su punto álgido una hora más o menos después de levantarte.

Por eso, lo mejor es que le des un chute de cafeína a tu cuerpo cuando los niveles de cortisol estén bajando, no mientras siguen por las nubes. Si tomas café cuando los niveles de cortisol están altos, no tardarás en desarrollar tolerancia; en otras palabras, necesitarás tomar más café para notar que te espabila de la misma manera.

Tanto para un motivo como para el otro, el profesor Betts recomienda retrasar ese primer café hasta el desayuno o más tarde para minimizar sus efectos negativos en el azúcar en sangre.

Entonces, ¿para qué beber café? Además de que me encanta el sabor y que me despierta, tiene muchos beneficios para la salud. El café es rico en flavanoles y unos antioxidantes llamados polifenoles —está demostrado que ambos compuestos promueven que el cerebro y el corazón estén más sanos, y tienen efectos antiinflamatorios—. Los estudios sugieren que las personas que toman café tienen menos probabilidades de sufrir ictus, cardiopatías, cáncer y demencia.

De hecho, una sola dosis de cafeína basta para potenciar la atención, el estado de alerta, la alegría y el estado de ánimo.

Los amantes del café también estarán encantados de oír que su bebida favorita incluso puede ayudar a quemar calorías. Un estudio de la Universidad de Nottingham demostró que tomarse un café estimula la actividad de la grasa parda, que ayuda a generar el calor corporal al quemar calorías. Esta afirmación está respaldada por una investigación reciente que demuestra que las mujeres que toman dos o tres tazas de café al día tienen menos grasa corporal en general, además de grasa abdominal, que las que no toman nada.

Sin embargo, lo que más me sorprende es el impacto que tiene el café y la cafeína en el rendimiento atlético y la resistencia. Según el profesor Betts, la cafeína es uno de los suplementos más efectivos que un atleta puede tomar: «Está más que claro que los efectos de la cafeína no solo son importantes, sino también muy variados en casi cada aspecto del rendimiento, ya sea para nuestra capacidad cognitiva, fuerza, rapidez explosiva, resistencia o habilidad. Todos estos aspectos pueden beneficiarse de la cafeína y el café. A pesar de la cantidad de suplementos que toman los atletas, de verdad que siento que se pueden contar con los dedos de una mano aquellos que de verdad funcionan. Para mí, el primer puesto de la lista lo ocupa el café, tanto por el alcance de los efectos que obtienes como por su amplitud».

Para sacarle el mayor provecho posible, deberías beber café más o menos una hora antes de entrenar, ya que es el tiempo que tarda en hacer el mayor efecto en tu sistema. De manera similar, si conduces de madrugada y te entra sueño, tu mejor apuesta será parar en una estación de servicio, tomarte una taza de café y volver al coche para echarte una cabezada de 30-40 minutos antes de seguir conduciendo.

Entonces, ¿cuánto café deberías beber? La dosis óptima parece rondar las tres tazas al día, pero no más de cinco. La capacidad de metabolizar la cafeína (eliminarla de tu sistema) y la sensibilidad que tengas a ella dependerá en gran medida de tu genética personal. En mi caso, soy sensible a la cafeína, pero también tengo un metabolismo rápido, lo que significa que la eliminaré de mi sistema muy rápido. He descubierto que me sube la tensión después de tomar café (es uno de los desafortunados efectos adversos de consumirlo), pero también que vuelve a caer pasadas un par de horas.

TU DOSIS DE CAFEÍNA
Café descafeinado = 2-7 mg
Café instantáneo = 60-80 mg
Café recién hecho = 60-120 mg

Pequeños cambios para transformar tu vida

MEDIA MAÑANA

date un respiro

Cómo aplicarlo: suelta los dispositivos y tómate un descanso varias veces al día.

Soy un gran procrastinador y encuentro cualquier excusa para no sentarme y empezar. Necesito el miedo a una fecha límite para ponerme en marcha, pero cuando por fin empiezo, enseguida quedo totalmente absorto en lo que estoy haciendo y detesto interrumpirlo por si me distraigo. Sin embargo, las investigaciones muestran que podría ser mucho más productivo y creativo si me alejara del escritorio y pasara unos minutos paseando por el jardín a intervalos a lo largo del día.

Resulta que, lejos de ser una autoindulgencia, tomarse un descanso, sobre todo si te levantas y te mueves, podría hacer que te involucres más y que mejore tu creatividad, además de potenciar que disfrutes del trabajo. También puede tener un gran impacto sobre el estrés psicológico. Los estudios también han demostrado que los microdescansos pueden reducir los niveles del cortisol, la hormona del estrés, por lo que te vuelves más eficiente a largo plazo. Y si, como yo, tiendes a encorvarte sobre el escritorio o repantigarte delante de la tele, tomarte minidescansos frecuentes que te obliguen a levantarte o caminar es una oportunidad de oro para mejorar la postura y aliviar el dolor articular.

La idea de que todos podamos beneficiarnos de los microdescansos surgió de una investigación llevada a cabo en los ochenta en EE. UU. Los investigadores descubrieron que los trabajadores que se tomaban descansos ligeramente más largos —hasta tres minutos— no solo producían un trabajo más exacto, sino que sus pulsaciones eran menores, lo que sugiere que darse un respiro tiene un efecto relajante.

Desde entonces, a esta se le añaden más pruebas que demuestran que tomarse un breve descanso parece tener un efecto desproporcionadamente potente en lo bien que trabajas.

En un estudio fascinante, a unos cirujanos que debían realizar una operación compleja por laparoscopia se les asignó al azar tomarse un descanso de cinco minutos cada media hora o no descansar en absoluto. Los investigadores descubrieron que quienes habían hecho una pausa cometían menos errores que aquellos que tuvieron que hacer acopio de fuerzas. Y, sorprendentemente, tomarse un descanso no alargaba el tiempo de las operaciones.

Otro estudio con cirujanos descubrió que tomar microdescansos mejoraba la exactitud y reducía a la mitad los niveles de cansancio.

Aunque lo mejor es que te levantes y te des un paseo, hacer algo tan simple como apartar la mirada de la pantalla con frecuencia puede mejorar la salud ocular. Solo sigue la regla 20-20-20: desvía la vista de la pantalla cada 20 minutos durante 20 segundos, y céntrate en un objeto que esté a 20 pasos. Pruébalo... ¡funciona!

Y no te sientas culpable si, como muchos de nosotros, ¡estás en las nubes! El profesor neurocientífico Moshe Bar at Bar-Ilan, de la Universidad de Tel Aviv, acaba de escribir un libro sobre la «mente distraída» y me contó que descansar de vez en cuando y dejar que la mente se disperse le dará un impulso a la creatividad. «Las divagaciones mentales son una poderosa herramienta para el pensamiento creativo —dice—. Ayudan a mejorar el estado de ánimo, la toma de decisiones y la resiliencia mental». Cree que todos deberíamos hacer un descanso de lo que sea que estemos haciendo y dedicar un rato a soñar despiertos cada día.

«El pensamiento creativo requiere una fase llamada "incubación" —dice—. El proceso de toma de decisión empieza por el "pensamiento divergente", donde creas tantas ideas como te sea posible; luego necesitas un periodo de incubación para permitir que el subconsciente cerebral evalúe todas estas ideas antes de pasar al "pensamiento convergente", que les da la última pincelada a los procesos hasta llegar a la mejor solución. Este proceso requiere tiempo de descanso para que puedas incubar todos los pensamientos».

¡Me encanta! La próxima vez que una editorial o editor me atosigue por el trabajo, igual les digo que ¡se está «incubando»!

El profesor Bar advierte que tomarse un descanso no será tan efectivo ni de lejos si te lo pasas viendo la tele o mirando los canales de redes sociales: «Para darle a tu cerebro la mejor oportunidad de que se disperse de forma creativa, no deberías sobrecargarlo con nada más —dice—, pero sí puedes optimizar el descanso si guías tus pensamientos por derroteros positivos en lugar de permitirte preocuparte por las facturas sin pagar».

Lo único que tienes que hacer es dejar lo que estés haciendo de vez en cuando, desviar la mirada y dejar que tu mente vague... ¿Hay algo más simple?

El profesor neurocientífico Moshe Bar at Bar-Ilnan, de la Universidad de Tel Aviv, cree que todos deberíamos hacer un descanso de lo que sea que estemos haciendo y dedicar un rato a soñar despiertos cada día.

Pequeños cambios para transformar tu vida

MEDIA MAÑANA

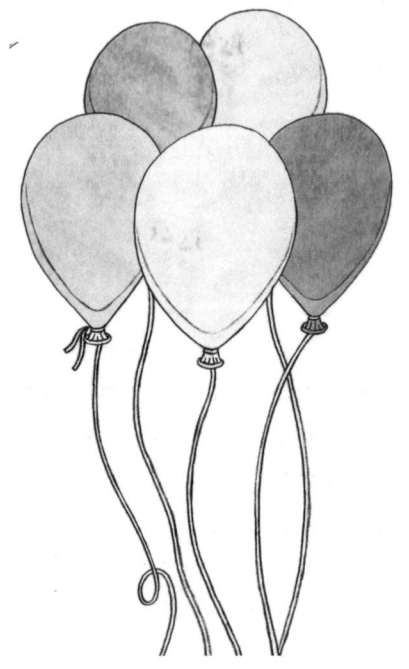

respiraciones profundas

Cómo hacerlas: practica la respiración lenta y controlada durante unos minutos cada día.

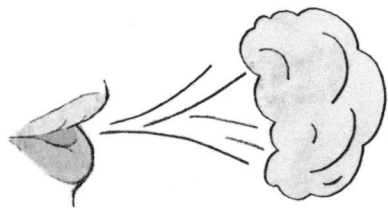

Este es uno de mis pequeños cambios favoritos. Es el ejemplo perfecto de algo muy simple, rápido y que puede darle un vuelco a tu vida; puede transformar tu estado de ánimo y tu salud, y traer una alegría apacible a tu día.

Por eso, con solo cambiar lo rápido y profundo que respiras, puedes lograr grandes cosas, como ralentizar las pulsaciones, reducir la presión arterial, rebajar los niveles de estrés y combatir la ansiedad. También hay pruebas de que cambiar la manera en que respiras puede disminuir el dolor.

Con esto dicho, hacer respiraciones lentas y profundas es sorprendentemente complicado, sobre todo cuando estás estresado, así que conviene practicar todos los días. De esta forma, se convierte en una respuesta automática a la que acudir cuando más lo necesitas.

«Respirar lento es una forma increíblemente potente de darte un minitranquilizante —dice Ian Robertson, profesor emérito de psicología en el Trinity College de Dublín, y uno de los mayores expertos en la ciencia del bienestar—, y aun así, nos olvidamos de hacerlo buena parte de nuestro tiempo.

»Cuando estamos muy ocupados o estresados, tendemos a contener el aliento o respirar con mayor rapidez, lo que puede incrementar la sensación de pánico; y a menos que hayamos dominado el hábito de la respiración profunda, no es probable que la empleemos a tiempo para cosechar los beneficios —añade—. Puedes tranquilizarte al ralentizar la respiración, y te sorprenderá lo deprisa que te sientes mejor, pero es complicado adoptar este hábito, sobre todo si estás estresado. Así que yo intento recordarme que debo inhalar lento durante cuatro segundos, y exhalar en seis cada vez que hago una pausa o cambio de actividad».

Entonces, ¿cómo funcionan las respiraciones lentas y profundas? El profesor Robertson me contó que, entre otras cosas, hay unos sensores especiales en el cerebro que detectan los niveles de dióxido de carbono en sangre y responden con rapidez, bien activando o bien inhibiendo la liberación de un mensajero químico llamado noradrenalina. Es el equivalente cerebral de la adrenalina en el cuerpo, y detona la respuesta de «lucha o huida», que puede sacarnos de algún problema o, de la misma manera, provocar que nos sintamos estresados y ansiosos.

«Cuando respiras lento, alteras los niveles de dióxido de carbono en la sangre, y esto reduce los niveles de noradrenalina, lo que ayuda a que te sientas tranquilo —dice—. La respiración lenta también activa el sistema nervioso parasimpático autónomo, el que hace que tu corazón se calme y la tensión baje, y esto tiene un efecto relajante adicional».

Muchos estudios demuestran que controlar la respiración puede ser una manera muy efectiva de mantener la ansiedad a raya. Y realizar ejercicios de respiración también puede mejorar la toma de decisiones debido a que, como explica el profesor Robertson, el sistema de noradrenalina es crucial para nuestra concentración en una tarea y para sentir que tenemos el control de lo que estamos haciendo. Puede ayudarnos a que volvamos a dormirnos e incluso, según estudios recientes, reduce el impacto del dolor crónico.

El profesor Robertson llama a la respiración lenta y profunda «el farmacéutico más preciso que podrías darte jamás», con el

bonus añadido de que no tiene efectos secundarios: «Puedes realizarla en una reunión y nadie tiene por qué saberlo..., funciona
como un botón de minireseteo para el cerebro».

PRUEBA ESTAS TÉCNICAS DE RESPIRACIÓN

4:6 (inhala durante cuatro segundos y exhala en seis segundos)

4-2-4 (inhala durante cuatro segundos, retén en dos, y luego
exhala en seis segundos)

3-4-5 (inhala durante tres segundos, retén en cuatro, y luego
exhala en cinco segundos)

CASO PRÁCTICO

Mark, responsable de inversiones comunitarias

«Tenía muchas ganas de probar los ejercicios de respiración profunda con la esperanza de que me ayudasen a reducir las pulsaciones cardiacas y a mantener una sensación de calma y control cuando tengo que manejar situaciones estresantes en el trabajo. Así que probé la técnica 4:6, inhalando durante cuatro segundos y exhalando en seis durante unos minutos cada día de la semana.

»Al principio me costó acompasar la respiración al ritmo mientras contaba despacio, pero se fue haciendo más fácil, sobre todo si me ponía de pie con los pies apoyados con firmeza en el suelo y si mantenía los ojos cerrados, de manera que pudiera concentrarme de verdad. Me fijé que me había estado encorvando un poco, pero la respiración profunda me ayudó a mantener los hombros hacia atrás de manera inconsciente. Como resultado de los ejercicios, he dormido mejor y me he sentido más tranquilo... con el extra de que, parece ser, mi postura también ha mejorado».

El profesor Robertson llama a la respiración lenta y profunda «el farmacéutico más preciso que podrías darte jamás», con el bonus añadido de que no tiene efectos secundarios: funciona como un botón de minireinicio para el cerebro.

Pequeños cambios para transformar tu vida

MEDIA MAÑANA

haz menos
deporte, pero
más a menudo

Cómo aplicarlo: divide el entrenamiento en intervalos más cortos, tal vez en tres sesiones de 10 minutos.

El único motivo por el que la mayoría de las personas afirman no hacer ejercicio es la falta de tiempo. Y, desde luego, puede ser complicado encontrar las dos horas y media a la semana de una actividad más o menos intensa que necesitas para cumplir con los criterios recomendados. Así que ¿por qué no intentarlo con los «*snacks* de ejercicio»? Las investigaciones demuestran que distribuirlos a lo largo del día puede ser igual de bueno —si no mejor— para tu salud.

De hecho, sacar unos cuantos ratos más cortos para hacer deporte durante la semana puede ayudar a mejorar la glucosa en sangre y la presión arterial de manera más efectiva que un entrenamiento concentrado de 30 minutos.

Según la doctora Marie Murphy, profesora de deporte y salud en la Universidad de Ulster, los beneficios adicionales de los *snacks* de ejercicio vienen del hecho de que tu metabolismo se mantiene en funcionamiento un rato después de cada breve periodo de actividad.

«El principal beneficio de los *snacks* de ejercicio es el hecho de que es más probable que ocurran —dice— y algo de ejercicio es mejor que nada. Incluir unos cuantos *snacks* de ejercicio en tu día puede ser más beneficioso que una sola sesión de deporte, ya que cuando dejamos de hacer ejercicio, nuestro metabolismo sigue funcionando un poco más rápido durante un rato mientras nos recuperamos. Así que los microentrenamientos de 10 minutos probablemente sumen un mayor gasto energético que la sesión de 30 minutos».

Los estudios demuestran cómo los *snacks* de ejercicio vienen de maravilla para la salud cardiovascular, ya que ayudan a reducir la presión arterial y los niveles de colesterol, además de favorecer la pérdida de peso, especialmente de grasa corporal.

«Aunque tal vez sientas que no estás haciendo mucho, sigue siendo una manera estupenda de darle caña a tu corazón y de activar la circulación —dice la profesora Murphy—. Significa que estás activando muchas de las enzimas que ayudan con el metabolismo, lo cual es una manera increíble de mantener los niveles de azúcar en sangre estables y reducir el riesgo a desarrollar diabetes de tipo 2. Cuando contraes los músculos, activas las enzimas que permiten a la glucosa circular desde la sangre al músculo a modo de combustible, así que emplear grandes grupos musculares como los cuádriceps (muslos) y glúteos (trasero), requiere el uso de la glucosa en sangre, lo que ayuda a mantener los niveles regulados de manera natural», explica.

Un pequeño estudio a personas con diabetes de tipo 2 descubrió que seis minutos caminando a paso rápido dividido en periodos de un minuto a lo largo del día era una forma más efectiva de reducir el azúcar en sangre que caminar 30 minutos después de cenar. Mejor aún, los que practicaron los *snacks* de ejercicio registraron una disminución de los niveles de azúcar en sangre tanto el día en que realizaron los seis paseos de un minuto como durante las siguientes 24 horas.

Otros estudios (de Japón) también han demostrado que varias ráfagas cortas de ejercicio son más efectivas para reducir la presión arterial que una sesión de deporte más larga al día.

Así pues, ¿cuál es la mejor manera de empezar con los *snacks* de ejercicio?

«Los indicios recientes sugieren que casi cualquier nivel de actividad cuenta —dice la profesora Murphy—. Los periodos de diez minutos son una buena meta a la que aspirar, pero no te preocupes si solo puedes hacer cinco minutos cada vez. El mensaje importante es que cada minuto cuenta, y si solo tienes unos minutos, aún puedes emplearlos sabiamente para contribuir a tus objetivos de actividad totales».

Mejor aún: no tienes que acalorarte y empezar a sudar y no necesitas ni ponerte ropa de entrenamiento específica. El objetivo es, simple y llanamente, que tu corazón bombee más rápido cada vez que puedas, que hagas suficientes *snacks* hasta cumplir 30 minutos de actividad física durante el curso del día.

Sin duda, los *snacks* son una forma de lo más sencilla para encajar la actividad física en tu vida, sobre todo si no eres muy amante del deporte. La clave es que *cualquier cosa* que puedas hacer será mucho mejor para tu salud que tener la intención de ir al gimnasio, que luego no tengas tiempo y te saltes el entreno directamente.

SNACKS DE EJERCICIO PARA TENTARTE

Un *snack* de ejercicio puede durar desde 20 segundos a 10 minutos, y no importa lo que hagas siempre y cuando eleves el ritmo cardiaco y te entre un poco de calor.

★ Podrías empezar el día, como yo, con una caminata a paso ligero de 10-15 minutos.

★ A mediodía, podrías subirte a la bicicleta (o bicicleta estática) y pedalear con ganas, con resistencia, durante 20 segundos. Esto se conoce como HIIT, entrenamiento de intervalos de alta intensidad, y un par de acelerones de 20 segundos de verdad que puede suponer una diferencia. Nosotros vivimos en lo alto de una colina pronunciada y, si voy en bicicleta al pueblo a comprar comida, acelero un par de veces durante 20 segundos, durante los que me empleo bien a fondo, cuando regreso.

★ Si esto te parece mucho, puedes probar a subir y bajar corriendo dos o tres veces un tramo de escaleras.

★ O haz 60 segundos de saltos de tijera o corre en el sitio.

★ Cada vez que estés esperando a que hierva la tetera, haz algunas flexiones en la encimera de la cocina o sentadillas.

★ Date un paseo de 10 minutos alrededor del bloque a la hora de comer.

★ Ponte música animada y rápida y baila con entusiasmo durante una o dos canciones (ya llegaremos a por qué igual te interesa hacer de bailar un pequeño cambio en la página 189).

★ Haz «zancadas» largas de un extremo de la habitación al otro.

Pequeños cambios para transformar tu vida

MEDIA MAÑANA

ejercicio
excéntrico

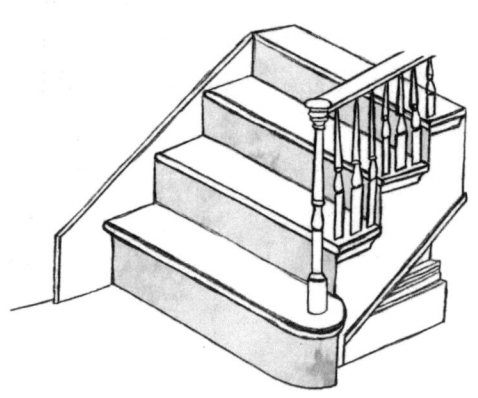

Cómo aplicarlo: corre colina abajo, baja rápido por las escaleras o extiende los músculos con las pesas.

Ya que estoy con el tema del ejercicio, una de las mejores maneras de sacarle el máximo rendimiento al entrenamiento es hacerlo «excéntrico». A lo mejor piensas que subir corriendo una colina es mejor que bajarla trotando, o que subir un tramo de escaleras será un desafío más intenso para tus músculos que subir en ascensor a la última planta de un edificio alto y bajar andando, pero, de hecho, es al revés.

Parece una locura, pero así es la nueva ciencia del «ejercicio excéntrico», ¡y me parece fascinante!

El nombre viene del hecho de que contraer los músculos (al subir las escaleras o levantar pesas) se llama «ejercicio concéntrico», pero cualquier trabajo que desempeñe esos músculos mientras están estirados y elongados (como cuando bajas por las escaleras o las pesas), se conoce como «ejercicio excéntrico».

Tony Kay es profesor de biomecánica en la Universidad de Northampton. Explica que todas las formas de ejercicio crean un daño microscópico en los músculos. Esto estimula la liberación de hormonas que desencadenan que las células reconstruyan ese músculo más fuerte que antes. Los ejercicios concéntricos (como el *curl* de bíceps o las sentadillas) emplean y fatigan muchas fibras musculares diferentes. Aunque la parte excéntrica del ejercicio (cuando bajamos las pesas o nos agachamos en la sentadilla) emplea menos fibras, lo hace con una carga hasta cuatro veces mayor. Esto, dice, crea una rotura microscópica aún mayor a esas células y fibras.

«Cuanto más daño haya, significa que el cuerpo quema más calorías cuando está en proceso de reparación y recuperación después de haber realizado el ejercicio —dice—. Esto aumenta el índice metabólico y dispara la fuerza de una manera mucho más efectiva que el ejercicio convencional».

En un estudio, asignaron de manera aleatoria a los voluntarios a subir o bajar el tramo de escaleras de un edificio de 10 plantas dos veces a la semana, y tomar el ascensor en la dirección contraria. No es de extrañar que ambos grupos vieran una mejoría de salud, pero lo sorprendente es que quienes bajaron las escaleras, en lugar de subirlas, obtuvieron mayores mejorías en la frecuencia cardiaca en reposo (en general, este es un indicador fiable del estado físico). También vieron grandes mejorías en su sensibilidad a la insulina y niveles de grasa en sangre. El grupo que bajó por las escaleras también notó mucha mejoría en las funciones musculares y en la densidad ósea que el grupo que las subió caminando; de hecho, el grupo que hizo lo que yo considero que sería la tarea más fácil, mejoró su fuerza muscular un 34 por ciento: ¡el doble que aquellos que tuvieron que subir por las escaleras en cada ocasión!

Además, el grupo que bajó por las escaleras mostró un mayor avance en el test de equilibrio, lo que conlleva reducir el riesgo a las caídas y lesiones.

Otro estudio que comparó a adultos más mayores que hacían ejercicio convencional con aquellos que realizan ejercicio excéntrico, descubrió que este último grupo aumentó en un 38 por ciento la fuerza de las piernas en comparación con el incremento del 8 por ciento en el grupo de ejercicio tradicional.

Otros estudios han demostrado los beneficios del ejercicio excéntrico en futbolistas jóvenes y sanos (como un aumento considerable de la fuerza), así como en mayores de 65 años (que mostraron un 30-50 por ciento de aumento en fuerza y un 10 por ciento de aumento en masa muscular en solo seis semanas). «Los efectos son mucho mayores de lo que cabría esperar del ejercicio normal», concluye.

Esto es, desde luego, impresionante y totalmente contraintuitivo. Y resulta que cualquier ejercicio que te exija estirar los músculos con una resistencia tendrá los mismos efectos beneficiosos, ya sea bajar una colina corriendo o descender despacio en la sentadilla o flexión. La manera en la que funciona es que, cuando bajas, los músculos de las piernas o brazos se estiran para ralentizar el ritmo de descenso. De manera similar, cuando bajas en una serie con pesas, los músculos se estiran y tienen que trabajar más duro para proteger el cuerpo y que no te hagas daño.

El profesor Kay dice que tanto el yoga como el pilates incorporan poses que exigen que desciendas despacio y, por tanto, provocan una contracción excéntrica, que «aumentará la flexibilidad, la masa muscular, la densidad ósea y la fuerza».

Si los haces bien, los ejercicios excéntricos no solo te mantendrán en forma, sino que también ayudarán a tu cuerpo a seguir quemando calorías después de que termines… o incluso más que un entrenamiento que, a simple vista, es más «duro». ¡Este podría ser el secreto metabólico que ha estado oculto en tu entrenamiento todo este tiempo!

A lo mejor piensas que subir corriendo una colina es mejor que bajarla trotando, o que subir un tramo de escaleras será un desafío más intenso para tus músculos que subir en ascensor a la última planta de un edificio alto y bajar caminando, pero, de hecho, es al revés.

Pequeños cambios para transformar tu vida

MEDIA MAÑANA

visualízate más fuerte

Cómo aplicarlo: pasa unos 15-20 minutos al día practicando mentalmente una habilidad o actividad que te gustaría perfeccionar.

Hasta ahora he escrito un poco bastante sobre los beneficios de estar más activo. Esto puede comprender desde dar un paseo mañanero (página 45), hacer ejercicios inteligentes (página 19) y hacerlos excéntricos (página 107).

Aunque, sorprendentemente, hay una investigación que demuestra que simplemente pensar en hacer una actividad física o practicar un deporte puede aumentar la fuerza muscular y mejorar el rendimiento.

Puede que hayas oído que los jugadores de rugby hablan sobre ensayar mentalmente la forma en que la pelota atraviesa el poste de anotación antes de lanzar un tiro, o que los atletas en los bloques de salida se imaginan a sí mismos corriendo a toda velocidad por la pista. Los atletas de élite llevan mucho tiempo utilizando una técnica que se llama «imaginería motora», mediante la que se imaginan a sí mismos rindiendo al máximo, y hay pruebas de que esto de verdad aumenta las probabilidades de que lo consigan.

La imaginería motora también puede darle un impulso al rendimiento en otras áreas de la vida, desde la cirugía a la música. Los estudios demuestran que los cirujanos se desenvuelven mejor si practican mentalmente una operación antes de realizarla, mientras que algunos músicos profesionales descubren que se benefician de la misma manera si ensayan mentalmente con su instrumento que si lo tocan de verdad.

La doctora Helen O'Shea, psicóloga cognitiva de la Universidad de Limerick, explica cómo funciona: «Cuando te concentras de verdad en una acción o imaginas que realizas un movimiento, envías esas señales muy concentradas a las partes de tu cuerpo en cuestión».

En 1990, los investigadores de la Universidad Estatal de Luisiana pidieron a unas mujeres que se imaginasen extendiendo la rodilla y contrayendo los músculos de los muslos en ráfagas de cinco segundos. Al final del estudio, la fuerza de los músculos de los muslos había aumentado un 12,6 por ciento.

Cuando un equipo con el que trabajaba llevó a cabo un experimento similar, descubrimos que la fuerza muscular aumentó un 8 por ciento. Lo cierto es que los músculos no crecían, pero parece ser que los voluntarios podían activar un 20 por ciento de más fibra muscular tras haber practicado mentalmente la acción.

«Aunque los músculos implicados no crecerán, el impulso hacia esos músculos se vuelve mucho más preciso, así que al final solo empleas los músculos clave para ese movimiento y no malgastas energía en los demás músculos», explica la doctora O'Shea.

«Sabemos que la imaginería motora puede mejorar nuestra exactitud, velocidad, nuestra fuerza —dice—, y hemos descubierto que de verdad altera la manera en que también opera nuestro cerebro.

»Por desgracia, no se puede utilizar solo para estar más en forma —añade—. Para que la imaginería motora funcione, necesitas estar familiarizado con el movimiento físico de antemano; solo así puedes emplear la imaginación para preparar tus sistemas motores de manera que, cuando vayas a ejecutar el movimiento, todo esté bien ajustado y listo para ponerse en marcha».

RECOMENDACIONES DE LA DOCTORA O'SHEA PARA MEJORAR EL RENDIMIENTO

★ El efecto es más potente si enfocas la imaginería motora en el mismo lugar en el que estarías realizando la actividad (el campo de fútbol, la pista de tenis, el campo de golf), ya que la localización ayuda a formar una representación mental muy vívida y exacta del movimiento.

★ Lo ideal es que te pongas la misma ropa y lleves el mismo equipamiento que utilizarías normalmente.

★ Intenta sentir que tu cuerpo realiza la acción en tu cabeza (marcar un gol, hacer un saque directo, dar el golpe perfecto), y mantén la misma fluidez y ritmo como cuando ejecutas físicamente esa acción.

★ Mantén los ojos abiertos mientras visualizas el impacto de las acciones que imaginas y que concluyen con éxito, e intenta acercarte lo máximo posible a esa sensación de triunfo.

★ Alterna cuatro sesiones de imaginería motora con una ejecución física, luego vuelve a la imaginería motora.

CASO PRÁCTICO

Tom

«Soy el portero de un equipo de fútbol sala, pero me interesa probar mis habilidades como delantero. Definitivamente, estoy desentrenado... ¡hará como 18 años desde la última vez que marqué un gol! Admito que me sentí un poco tonto de pie en el jardín vestido con la equipación y el balón de fútbol en la mano mientras me imaginaba lanzando la pelota directo a la portería, pero dejé volar mi imaginación y, de vez en cuando, añadía imágenes de la vacilación del portero y el rugido de la multitud...

»No tengo ni idea si la práctica mental me ayudó de verdad a crear esa conexión entre el cerebro y los músculos, pero puedo afirmar que sí marqué dos goles en dos partidos. Lo admito, perdí un montón de oportunidades, pero no demasiadas. Me sentí mucho más seguro con el balón a mis pies».

Los atletas de élite llevan mucho tiempo utilizando una técnica que se llama «imaginería motora», mediante la que se imaginan a sí mismos rindiendo al máximo, y hay pruebas de que esto de verdad aumenta las probabilidades de que lo consigan.

Pequeños cambios para transformar tu vida

MEDIA MAÑANA

disfruta del pescado azul

Cómo aplicarlo: toma una porción de caballa, salmón, sardinas, arenques o anchoas al menos dos veces por semana.

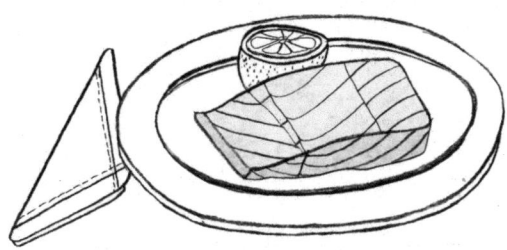

Últimamente, uno de los alimentos que disfruto mucho comiendo, ya sea para desayunar, almorzar o cenar, es el pescado azul. Si esto me lo hubieras dicho hace treinta años, me habría quedado de piedra. De pequeño, odiaba el pescado. Casi siempre me lo ponían sobrecocinado, aguado o sumergido en algún pegote de salsa. Pero ahora tomo pescado azul al menos tres veces a la semana, y normalmente incluso más. Además de estar delicioso y que es increíblemente fácil de preparar, el pescado azul es una gran fuente de proteínas y ácidos grasos omega-3, los cuales se ha demostrado que son mano de santo para reducir la inflamación crónica. Esto, a su vez, implica reducir el riesgo a sufrir enfermedades cardiacas y depresión.

En lo que a cubrir los niveles de omega-3 se refiere, el tipo de pescado importa: el pescado blanco, como el bacalao, puede ser una buena fuente de proteínas y de otros nutrientes, pero es bajo en omega-3. Y el atún en lata tampoco cuenta como pescado azul. Entonces, ¿qué deberías comer?

Piensa en SCASA:

Salmon

Caballa

Anchoas

Sardinas

Arenques

Merece mucho la pena añadir pescado azul a la dieta habitual… y busca siempre fuentes sostenibles. Entre sus mejores beneficios demostrados se encuentra el impacto que tienen en la salud del corazón, pero también se ha demostrado que el pescado azul reduce el riesgo de cáncer y demencia; además, es bueno para las articulaciones.

¿Y el pescado azul es un buen alimento para el cerebro, como solía afirmar mi madre? Pues sí. Se ha demostrado que las personas que toman pescado tienen un cerebro más grande —sobre todo el lóbulo frontal, un área importante para la concentración, y los lóbulos temporales, una parte crucial para la memoria, el aprendizaje y la cognición—. Otros estudios muestran que consumir omega-3 puede mejorar el funcionamiento de la memoria, la planificación y la concentración… e incluso la fluidez verbal. Y no es solo por la función del cerebro: recientemente, los científicos han descubierto que mejora el estado de ánimo y reduce los síntomas de la depresión.

Entonces, ¿qué pasa realmente? El doctor Simon Dyall, neurocientífico nutricional de la Universidad de Roehampton, explica que los omega-3 están compuestos de ácidos grasos llamados EPA y DHA. «El DHA es el que parece ser beneficioso para el envejecimiento. Mientras que, curiosamente, el EPA parece beneficiar más el estado de ánimo —dice—. También sabemos que juegan un papel importante a la hora de reducir la inflamación, y tanto la demencia como el envejecimiento tienen un alto componente inflamatorio».

El hecho de que el pescado azul sea tan bueno para reducir la inflamación crónica es uno de los motivos por los que comerlo en buenas cantidades también puede reducir el dolor articular e incluso proteger nuestra piel, corazón y niveles de grasa en sangre de los efectos negativos de la contaminación ambiental.

Simon es un gran amante del pescado… ¡y ahora yo también! Los expertos recomiendan tomar pescado azul en lugar de un suplemento, pero si eres vegano o vegetariano, los suplementos de omega-3, extraídos de las algas, son una buena alternativa, y el aceite de pescado puede ser de mucha ayuda si de verdad no te gusta el sabor del pescado.

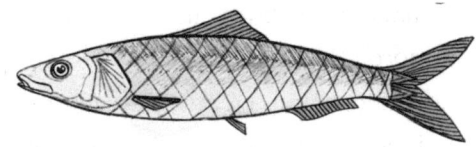

¿Y el pescado azul es un buen alimento para el cerebro, como solía afirmar mi madre? Pues sí. Los estudios muestran que consumir omega-3 puede mejorar el funcionamiento de la memoria, la planificación y la concentración… e incluso la fluidez verbal.

Pequeños cambios para transformar tu vida

MEDIA MAÑANA

toma remolacha

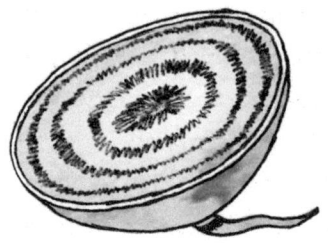

Cómo aplicarlo: toma de dos a tres remolachas dos o tres veces por semana.

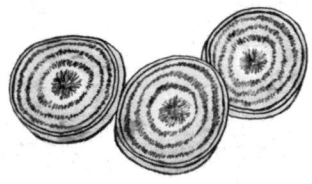

A lo mejor piensas que la remolacha es un tubérculo un poco anticuado y con un sabor terroso —que lo es—, pero a mí me impresionó ver que las investigaciones demuestran que consumir esta hortaliza, ya sea como minidosis (puedes comprar zumo concentrado de remolacha embotellado) o como parte de una ensalada, puede tener efectos impresionantes en tu cuerpo. Está demostrado que mejora el rendimiento físico y cognitivo y que mantiene el corazón sano, e incluso puede ayudarte a correr más rápido.

Las remolachas tienen un intenso color rosa púrpura, un indicador de unos potentes antioxidantes llamados betalaínas, que ayudan a combatir los signos de la edad y que se ha comprobado (en estudios de laboratorio) que matan las células del cáncer de colon.

Sin embargo, el verdadero secreto de la remolacha es el hecho de que es increíblemente rica en nitratos. Los nitratos tienen mala fama porque a menudo se añaden a los embutidos como el beicon, el jamón y el salami, y los estudios demuestran que comer estos productos en grandes cantidades podría aumentar el riesgo de sufrir cáncer de intestino.

Pero cuando se consumen verduras ricas en nitratos, como la remolacha, sucede algo increíble. Las bacterias que están presentes de manera natural en nuestra boca cambian ese nitrato a un químico llamado nitrito. Luego, este compuesto se transforma mediante otros procesos en el cuerpo en óxido nítrico, que ayuda a dilatar los vasos sanguíneos y aumentar el flujo sanguíneo a los músculos, órganos y al cerebro.

Una de las maneras en las que funciona la Viagra —la famosa pastillita azul que ayuda al rendimiento sexual en hombres mayores— es por desencadenar la liberación del óxido nítrico. No es coincidencia que los romanos creyeran que el zumo de remolacha era un potente afrodisíaco.

Andy Jones, profesor de fisiología aplicada en la Universidad de Exeter, está muy interesado en el impacto que la remolacha tiene en la resistencia y el rendimiento en el deporte. En uno de sus primeros estudios, pidió a un grupo de hombres de entre 19 y 38 años que tomasen zumo de remolacha o un placebo (zumo de grosella negra) durante seis días, antes de completar una serie de pruebas extenuantes en una bicicleta estática. Luego, cambiaron.

Cuando el grupo bebió el zumo de remolacha, pudo pedalear una media de 11,25 minutos en adelante, 92 segundos más que cuando les daban el placebo.

En otro estudio, el profesor Jones pidió a un grupo de ciclistas de competición que completasen una serie de pruebas con tiempo, que cubrían 16 kilómetros, después de tomar zumo de remolacha. Lo que no sabían es que en una ocasión tomaron zumo de remolacha normal, mientras que en otra le habían extraído el nitrato al zumo de remolacha. Los ciclistas eran, de media, 45 segundos más rápidos cuando tenían el chute de nitrato, algo que en una competición puede ser significativo.

El efecto beneficioso de la remolacha se ve más pronunciado si, como a mí, te gustan los entrenamientos de alta intensidad. «Hemos descubierto que los voluntarios que toman remolacha un par de horas antes de una sesión de ejercicio intenso aguantaron un 16 por ciento más que quienes no comieron remolacha —dice—. Como resultado de nuestro estudio, la remolacha fue todo un éxito entre los atletas de los Juegos Olímpicos de Londres en 2012… ¡Casi todos los atletas tomaban zumo de remolacha!».

El aumento de óxido nítrico impulsado por la remolacha no solo significa que tus vasos sanguíneos se van a dilatar, con lo que permites que llegue más oxígeno a los músculos, sino que también los hace más eficientes.

Los mismos efectos beneficiosos parecen aplicarse al corazón y al cerebro. Hay estudios que demuestran que el zumo de remolacha puede mejorar los tiempos de reacción en adultos mayores pero activos, y también tiene el potencial de reducir el riesgo de uno de nuestros mayores asesinos: el ictus.

«El óxido nítrico es un vasodilatador que hace que los vasos sanguíneos se ensanchen y permitan que la sangre circule mejor a los tejidos —explica el profesor Jones—. Esto puede bastar para reducir la presión arterial hasta el punto de que disminuye la posibilidad de sufrir un paro cardiaco e ictus».

Hace algunos años, formé parte de un pequeño estudio con el profesor Jones en el que pedimos a un grupo de voluntarios con la tensión alta que pasasen unas semanas alimentándose con una dieta rica en remolacha. Esto condujo a una caída en la media de la presión arterial en unos 5 mmHg que, si se mantenía, se traduciría en una disminución del riesgo a sufrir un ictus y un ataque al corazón en un 10 por ciento. Esto sigue la línea de otros ensayos clínicos aleatorizados.

El profesor Jones dice que el momento óptimo para consumir remolacha es unas dos o tres horas antes de ir al gimnasio. «Esto se debe a que el cuerpo necesita un tiempo para procesar el nitrato. Dependemos de las bacterias de la boca para que hagan esta conversión, y eso lleva tiempo».

La mayoría de los estudios se han realizado con personas que toman *shots* diarios de zumo de remolacha. Sin embargo, el profesor Jones sugiere que con solo añadir un poco de remolacha a la dieta de manera regular puedes mantener cubiertos los niveles de nitrito: «Nuestra capacidad de producir óxido nítrico de manera natural empeora a medida que nos hacemos mayores, que es un motivo por el que la tensión tiende a elevarse con la edad; así que una forma de aplacar este deterioro puede ser suplementarnos con nitrato mediante la dieta», dice. Eso sí, avisado quedas: ¡la remolacha hace que el pis salga rosa!

CÓMO CONSUMIR MÁS REMOLACHA

El contenido de nitrato de la remolacha encurtida y precocinada envasada al vacío suele ser bajo, así que comprarla cruda o cultivarla es lo mejor. Los nitratos son solubles en agua, lo que significa que si tiras el líquido de cocción después de hervir la remolacha, estarías desperdiciando muchos de esos nitratos. Intenta asarla u hornearla en lugar de hervirla; de esa manera, retendría la mayoría de los nitratos.

★ Retira la raíz y el tallo de la remolacha fresca, envuélvela en papel de aluminio y ásala en el horno durante 40-50 minutos, quizá cuando cocines algo más. Estará lista cuando el tenedor la atraviese con facilidad. Disfrútala caliente o fría, como guarnición o en cubitos con la ensalada.

★ Raya la remolacha cruda para hacer *coleslaw* rosa o chucrut (te recomiendo que uses guantes para evitar mancharte los dedos).

★ Tritura la remolacha cruda o cocinada junto con una manzana para hacer un *smoothie*.

★ Haz un zumo con un chorrito de zumo de limón recién exprimido.

★ Compra zumo de remolacha (busca variantes sin edulcorantes).

★ Puedes incluso rallar la remolacha para hacer bizcochos. De hecho, encontrarás algunas recetas deliciosas (entre ellas, *brownies* de remolacha) en la cuenta de Instagram de mi mujer, la doctora Clare Bailey: <Instagram.com/drclarebailey>.

Pequeños cambios para transformar tu vida

ALMUERZO

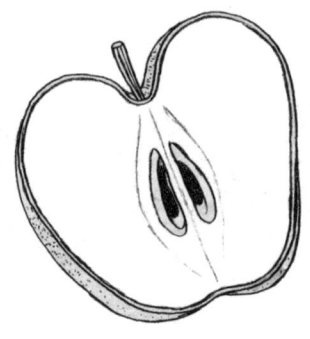

una manzana
al día

Cómo aplicarlo: toma una manzana con piel cada día.

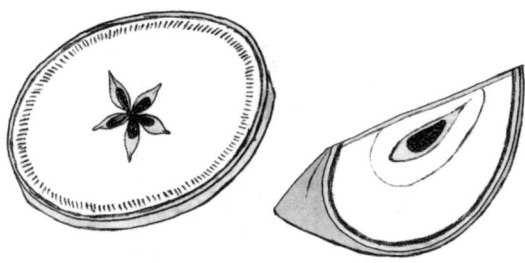

Cuando almuerzo, ya sea algún pescado azul o un sándwich para llevar, me gusta acabar con una manzana. Me encanta el sabor y siento que me limpia el paladar. Las manzanas también son mi postre de cabecera, ya sea un *apple crumble*, manzana asada o tarta de manzana.

Así que estoy encantado de decirte que hay mucha verdad en el antiguo dicho «una manzana al día, mantiene al médico en la lejanía».

La doctora Catherine Bondonno es nutricionista en el Institute for Nutrition Research en la Universidad Edith Cowan en Australia Occidental y me contó que, además de tener un montón de fibra, las manzanas son ricas en unos compuestos beneficiosos llamados flavonoides.

«Las plantas producen flavonoides para protegerse de la luz solar y de las enfermedades, y se piensa que tienen un efecto protector similar en los humanos cuando las consumimos —explica la doctora Bondonno—. Las investigaciones han demostrado que los flavonoides de la fruta pueden aumentar la producción de una molécula en nuestro cuerpo llamada óxido nítrico, que regula la presión arterial y mantiene los vasos sanguíneos en buen estado».

Como acabamos de ver en el pequeño cambio con la remolacha, el óxido nítrico tiene múltiples beneficios para la salud.

La mayoría de los flavonoides de las manzanas se ocultan en la piel o justo debajo…, así que lo ideal es que las consumas sin pelar para obtener los máximos beneficios.

«Tomar flavonoides con fibra cambia la manera en la que nuestro cuerpo descompone y absorbe los compuestos flavonoides —me contó—. Significa que los flavonoides atraviesan el intestino delgado para llegar al intestino grueso, donde las bacterias beneficiosas los descomponen en compuestos llamados ácidos fenólicos, que ayudan a reducir la inflamación y mejorar la presión arterial.

»Al trabajar en conjunto, los flavonoides y la fibra parecen aumentar la cantidad de bacterias beneficiosas y reducir la cantidad de bacterias dañinas que residen en nuestro intestino», añade.

La doctora Bondonno dice que, junto con reducir la inflamación y mejorar la presión arterial, está demostrado que las manzanas reducen el colesterol y el riesgo de sufrir diabetes, y que contienen otros nutrientes como las vitaminas C y K, además de minerales como el cobre y el potasio, los cuales potencian aún más sus propiedades saludables.

En un estudio en el que participó, hicieron un seguimiento a un grupo numeroso de mujeres (todas superaban los 70 años cuando concluyó) durante 15 años; descubrieron que aquellas que tomaban al menos una manzana al día tenían un 35 por ciento de menos probabilidades de morir durante ese periodo que aquellas que evitaban las manzanas.

Las manzanas también te ayudan a mantener el peso. Un estudio llevado a cabo en EE. UU. descubrió que las mujeres de mediana edad a las que les dijeron que tomasen 75 gramos de manzana deshidratada al día no solo redujeron los niveles de LDL (colesterol malo) en un 23 por ciento, sino que, a pesar de las calorías extra, también perdieron 1,5 kilos.

Aunque pelar la manzana es un no rotundo, puedes cocinarlas sin destruir sus componentes beneficiosos, que al parecer se conservan bastante tiempo, incluso si las has tenido en la despensa un tiempo. Y si te interesa saber qué variedades son las mejores, bueno, la doctora Bondonno ha analizado varias de ellas y ha descubierto que las que tienen una mayor concentración de flavonoides son las Pink Lady.

A mí me gusta tomar manzana como tentempié, troceada con el yogur para desayunar y asada en un pudín. ¿Por qué no pruebas a hacerlas parte regular de tu dieta?

Al trabajar en conjunto, los flavonoides y la fibra parecen aumentar la cantidad de bacterias beneficiosas y reducir la cantidad de bacterias dañinas que residen en nuestro intestino.

Pequeños cambios para transformar tu vida

ALMUERZO

toma un poco
el sol

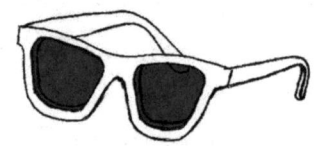

Cómo aplicarlo: arremángate las mangas y los pantalones y siéntate al sol durante 15-45 minutos, según el tono de piel que tengas.

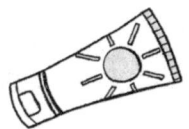

Durante años nos han advertido que, si nos exponemos en exceso al sol, nos arriesgamos a sufrir cáncer de piel y un envejecimiento prematuro de la piel, lo cual es cierto. Sin embargo, investigaciones más recientes sugieren que una exposición breve al sol cada día durante los meses de primavera y verano en realidad puede ser muy buena para nosotros: mejora el estado de ánimo, reduce la presión arterial y mantiene nuestro sistema inmunológico en buena forma. Y si tienes cuidado de no quemarte, los beneficios deberían compensar cualquier riesgo.

Uno de los beneficios más conocidos de tomar el sol es que aumenta los niveles de vitamina D. Aunque puedes obtener vitamina D de los alimentos como los pescados azules y la yema de huevo, a menos que tomes MUCHO pescado, necesitarás buscarla en otras fuentes. Por suerte, la piel es una fábrica de vitamina D que toma la luz gratuita del sol y la transforma en este maravilloso nutriente. Cuando el sol incide sobre tu piel, activa una molécula que la transforma en «pre-vitamina D», que luego se convierte en vitamina D durante las siguientes horas.

Además de ser vital para el fortalecimiento de los huesos, la vitamina D contribuye al buen funcionamiento del sistema inmunológico. Los estudios han demostrado que las personas con la vitamina D muy baja también tienen un mayor riesgo de sufrir enfermedades cardiacas, demencia, diabetes y esclerosis múltiple... e incluso algunos tipos de cáncer.

Según Ann Webb, profesora de radiación atmosférica de la Universidad de Mánchester, la exposición diaria a la luz del sol durante los meses de primavera y verano debería ayudarte a evitar la deficiencia de vitamina D, aunque si vives en el hemisferio norte, probablemente necesites tomar un suplemento durante los meses de invierno (de octubre a marzo), cuando el sol no está muy fuerte. En este momento del año, tendrías que pasar mucho más tiempo, con más piel expuesta, para obtener el mismo efecto. Sospecho que pocos de nosotros querríamos sentarnos fuera medio desnudos durante los meses de invierno solo para tener un chute de vitamina D...

La profesora Webb me explicó que, durante la primavera y el verano, «poco pero con frecuencia» es la mejor opción y que, si tienes la piel clara, de 10-15 minutos de exposición al sol debería bastar para la piel sin protección. Las personas con un tono más oscuro de piel deberían intentar tomar entre 25-40 minutos de sol porque la piel oscura tiene más melanina; este es un protector solar natural, pero también dificulta la capacidad de la piel de absorber la vitamina D.

Seguramente, con solo elevar la cara hacia el sol no bastará..., así que arremángate las mangas y los pantalones si puedes.

Si vives en un lugar muy caluroso, es mejor que evites salir a mediodía, pero en climas más frescos, como en Reino Unido, le sacarás mayor provecho a mediodía, cuando el sol está más fuerte.

Por supuesto, salir bajo el sol tiene otros beneficios aparte de generar vitamina D. Como descubrimos antes (página 44), la luz solar es importante para resetear nuestro reloj interno..., que es importante para las personas que, como yo, experimentamos un trastorno afectivo estacional (TAE).

La luz del sol desencadena la liberación de serotonina, que es un impulsor del ánimo natural del que carecemos las personas con TAE.

Como si esto fuera poco, la luz del sol también puede contribuir a reducir la presión arterial. Unos científicos de la Universidad de Edimburgo han demostrado que 20 minutos de sol en un brazo bastan para impulsar la producción de óxido nítrico, que hace que los vasos sanguíneos se expandan y, por consiguiente, baje la presión arterial.

Así que ¡no rehúyas el sol! Si lo utilizas con sabiduría, de verdad que es algo que puede mejorarte la vida.

CASO PRÁCTICO

Mehreen, profesora y presentadora de televisión

Habían diagnosticado a Mehreen niveles bajos de vitamina D tras quejarse de sentirse cansada, pesada y aletargada. Sin embargo, con solo salir cada día entre las 12.00 y las 14.00 lo cambió todo: «¡Adoro el sol! Hace que me sienta muy feliz. Solo con pasar 10 minutos fuera, me siento relajada y más ligera. Es estupendo saber que estoy cubriendo la vitamina D, pero he descubierto que es un descanso mental refrescante que también me beneficia a nivel psicológico».

¿CUÁNTO TIEMPO DEBERÍAS SENTARTE AL SOL?

La cantidad de tiempo que puedes pasar fuera con seguridad dependerá de tu tipo de piel (las pieles oscuras absorben vitamina D más despacio). También es importante que seas consciente de que algunos medicamentos (como los antibióticos) y productos para la piel (como el retinol) pueden aumentar la sensibilidad de la piel. Sea cual sea tu tipo de piel, es importante que te pongas bajo techo o te apliques protector solar antes de que empieces a quemarte.

Piel pálida del norte de Europa: 10-15 minutos.
Piel oscura del sur de Asia o afrocaribeña: 25-40 minutos.

Pequeños cambios para transformar tu vida

zZZ

échate una siesta

Cómo aplicarlo: aprovecha para echar una cabezadita de 20 minutos después de comer.

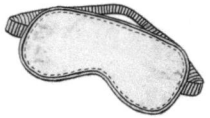

Si, como yo, duermes de pena y a menudo te entra sueño por la tarde, en lugar de ir de cabeza a por un té o un café, ¿por qué no aprovechas este bajón de energía para echarte un sueñecito?

Que sepas que no serías el único: el primer ministro británico Winston Churchill solía echarse una siesta vespertina para cargar pilas muy a menudo, y en sus memorias escribió que «incluso si solo dura 20 minutos, basta para recuperar toda fuerza vital».

Está claro que estaba tramando algo, porque las investigaciones recientes sugieren que una siesta es mano de santo para la mente y el cuerpo.

La siesta no solo puede mejorar el ánimo y el bienestar, sino que muchos estudios incluso han llegado a demostrar que existe una relación entre echarse la siesta de manera habitual y que el corazón tenga buena salud. Un estudio descubrió que echarse una siesta durante el día de manera ocasional se asociaba con un 48 por ciento de menos riesgo de sufrir un ataque al corazón, un ictus o un fallo cardiaco. Si hubiese una pastilla lo bastante potente para hacer eso, ¡los fabricantes nadarían en oro!

Si a ti (o a tu jefe) te preocupa que echarte una cabezadita por la tarde sea un poco autoindulgente, entonces quizá te gustaría saber que también puede mejorar tu capacidad de pensamiento. Los estudios demuestran que la siesta mejora el rendimiento en los exámenes y refuerza la capacidad de aprendizaje si, de normal, no obtienes el descanso suficiente por la noche, y que es más beneficiosa que dormir media hora más por la noche.

La doctora Sarah Mednick, una neurocientífica cognitiva e investigadora del sueño de la Universidad de California, es muy fan: «Nuestra investigación demuestra que una buena siesta puede producir los mismos beneficios que una noche de sueño —dice—. Puede ser una manera estupenda de liberar el estrés y la ansiedad provocados por un descanso insuficiente, lo que te ayuda a regular las emociones».

La investigación de su equipo muestra que cualquier descanso que supere los cinco minutos puede ser útil, ya que las siestas de distinta duración confieren distintos beneficios. «Cuando te quedas dormido por primera vez, normalmente entras en la fase uno del sueño durante dos o tres minutos antes de pasar a la fase dos del sueño, que viene de perlas para potenciar la atención, la memoria y las habilidades motoras —explica—. Una siesta de 20 minutos es una manera útil de pulsar el botón de reseteo, lo que aumenta la alerta y la atención, además de aguzar las habilidades motoras (sobre todo si necesitas realizar una tarea que requiere movimientos musculares coordinados».

Una siesta de 60 minutos te da el tiempo suficiente para pasar a una fase llamada sueño de «ondas lentas» que, según la doctora Mednick, puede ayudar a mejorar la memoria: «El sueño de ondas lentas es como unas "vacaciones cardiovasculares", ya que le ofrece a todo tu sistema la oportunidad de relajarse y que tu cuerpo reponga sus fuentes para recuperarse del estrés del día», dice.

Una siesta de 90 minutos, sobre todo por la mañana, te da acceso al sueño REM (movimiento ocular rápido). «Hay evidencias más que suficientes de que esto potencia el estado creativo de la mente porque el lóbulo frontal del cerebro se apaga, lo que permite que se realicen conexiones espontáneas en el cerebro».

El inconveniente de la siesta larga —cualquiera que dure más de media hora— es que puede que disminuya las ganas de dormir, y por esto puede que luego te cueste más quedarte dormido cuando te vayas a la cama por la noche. Así que la mayoría de los expertos con los que he hablado sugieren que 20-30 minutos es la duración óptima. E intenta echártela a primera hora de la tarde o pronto después de comer —que no pasen de las 15.00—, ya que las siestas más tardías pueden interferir con el descanso por la noche.

CASO PRÁCTICO

Caroline, especialista en salud mental

Caroline se levanta a las 5.00 todos los días para hacer ejercicio y luego hace malabares con los desafíos del trabajo y ser madre de tres hijos pequeños. Dice: «A menudo se me interrumpe el sueño y me paso casi todo el día cansada (normalmente, de 14.00 a 15.00 estoy reventada), pero yo solo sigo adelante. La idea de echarme una cabezada me resulta demasiado autoindulgente. Siempre he tenido demasiado que hacer como para darle prioridad a echarme la siesta.

»Cuando lo probé por primera vez, me costó quedarme dormida, probablemente porque no es parte de mi rutina habitual, aunque sienta bastante bien tumbarse y descansar, a pesar de que no concilie el sueño. Sin embargo, he ido mejorando y soy capaz de quedarme dormida de inmediato (el antifaz desde luego que ayuda, y definitivamente he notado una mejoría en mi productividad por las tardes). Después de una mala noche de sueño, todo parece una batalla, pero cuando puedo echarme una siesta, noto que todo es más sencillo. De hecho, a veces es mágica: ¡siento como si me estuviese dando un descanso bien merecido!».

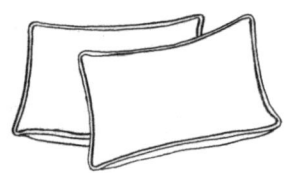

Si a ti (o a tu jefe) te preocupa que echarte una cabezadita por la tarde sea un poco autoindulgente, entonces quizá te gustaría saber que una breve siesta no solo es buena para la salud del corazón, sino que también puede mejorar tu capacidad de pensamiento.

Pequeños cambios para transformar tu vida

TARDE

compra plantas para tu casa

Cómo aplicarlo: coloca cinco plantas que crezcan rápido en las habitaciones que más utilizas.

Paso mucho tiempo en el despacho de mi casa. Siempre ha sido una habitación bastante anodina y funcional, pero hace poco me dio por llenarla de plantas. He optado por especies muy resistentes como las aspidistras (que es casi imposible de matar), las cintas (ídem) y las lenguas de suegra. Han añadido una vida muy necesaria a la habitación, y a mí también.

No tengo especialmente buena mano con las plantas y no sé nada sobre horticultura, pero me gustan las plantas y me interesan mucho las investigaciones que sugieren que las plantas domésticas pueden mejorar la memoria, la productividad, el estado de ánimo e incluso reducir la contaminación ambiental. Además, por supuesto, son preciosas.

Mi interés en el poder de las plantas surgió por el NASA Clean Air Study llevado a cabo en 1989 por los científicos de la NASA, cuyo objetivo era investigar las maneras de mejorar las condiciones de vida de los astronautas que iban al espacio. Demostraron que al colocar ciertas plantas en un espacio cerrado, se podía reducir la cantidad de compuestos orgánicos volátiles (COV) en el aire. Los COV son sustancias químicas que suelen liberar en el ambiente los materiales de construcción, los espráis en aerosol y productos de limpieza. Un COV, el limoneno, se suele añadir a los productos de limpieza para darles un aroma cítrico, pero puede reaccionar con el ozono en el aire y generar una sustancia desagradable llamada formaldehído, que tradicionalmente se utiliza para conservar los cadáveres. Algunas personas son más sensibles que otras, pero según la American Lung Association, «los COV pueden irritar los ojos, la nariz y la garganta, pueden provocar dificultades respiratorias y náuseas, y pueden dañar el sistema nervioso central además de otros órganos». Son una causa reconocida del «síndrome del edificio enfermo».

Si buscas en internet «NASA Clean Air Study», encontrarás el tipo de plantas que testaron, aunque entre las 10 principales estaban la hiedra común, el poto, el lirio de la paz, la siempreviva china y la *sansevieria variegata* (lengua de suegra).

Si vives en una casa con corrientes de aire o trabajas en una oficina bien ventilada, probablemente no tengas problemas. Sin embargo, muchas casas modernas y oficinas pueden albergar altos niveles de COV porque están selladas para ahorrar energía. El nivel dependerá de lo bien ventilada que esté la habitación y cuántos productos que liberan COV utilizas. Aunque también puede depender de cuántas plantas domésticas tengas.

En 2006, cuando los investigadores del Plants and Environmental Quality Group en Australia hicieron un estudio en el que colocaron plantas domésticas en 60 oficinas con altos niveles de COV, descubrieron que las plantas no tardaron en reducir esos niveles en un 60 y un 75 por ciento. Concluyeron que «las plantas en maceta pueden ser una manera eficiente, autorregulable y barata de controlar la contaminación ambiental en interiores».

Pero ¿de verdad mejoran el estado de salud? En otro estudio, unos investigadores noruegos abordaron el impacto de introducir plantas en una oficina, una escuela y en la unidad de radiología de un hospital. Cuando la oficina estaba repleta de plantas, las personas informaron de tener menos tos, dolores de cabeza y cansancio. Los investigadores notaron una reducción similar en quejas relacionadas con la salud en el hospital y la escuela.

Y gracias al hecho de que, durante el día, absorben dióxido de carbono y expulsan oxígeno, las plantas también pueden reducir los niveles de dióxido de carbono y producir más humedad, dos cosas que hacen que los humanos nos sintamos mejor. Los niveles altos de dióxido de carbono pueden hacer que te sientas mareado o darte dolor de cabeza, y esto puede deteriorar el pensamiento y la toma de decisiones.

Ya sea gracias a que mejoran la calidad del aire o solo el placer que nos produce estar rodeados de naturaleza, hay muchas pruebas de que las plantas tienen un efecto positivo en el bienestar, la atención y la concentración.

La doctora Tijana Blanusa, de la Universidad de Reading, es la científica principal de horticultura de la Royal Horticultural Society y lleva años investigando el impacto de las plantas domésticas sobre los humanos. Sus estudios demuestran que tener plantas en la oficina tiene un efecto increíblemente positivo. En un estudio, que implicaba introducir plantas y luego llevárselas de nuevo, descubrió que las personas afirmaron sentir más estrés y que su eficiencia y atención habían disminuido después de quitar las plantas.

CASO PRÁCTICO

El hogar de Davinia, en Belfast, está repleto de plantas, pero me contó que su oficina es una zona lúgubre y libre de plantas. Así que le pedí que se llevase cuatro macetas de casa y las colocara en su escritorio, y que luego hiciese un seguimiento de su estado de ánimo, productividad y patrones de sueño durante una semana. «Después de solo tres días, me he fijado que me sentía mucho más contenta en el trabajo. Descubrí que tenía que dejar lo que estuviese haciendo cada cierto tiempo para regar las plantas, lo que le daba un descanso a mi cerebro (consulta «Date un respiro», página 87). También me he fijado en que mis compañeros se asoman a mi despacho para decirme lo bonitas que están las plantas y charlamos más. El verdor adicional en mi despacho ilumina mis días y me hace más feliz. Estoy pensando traer más macetas y crear un pequeño jardín tropical aquí».

¿QUÉ PLANTAS?

La doctora Blanusa dice que necesitas tener entre cinco y seis plantas en una habitación para que de verdad suponga una diferencia. Las plantas de crecimiento rápido, muy demandantes de agua y «fisiológicamente activas» tienden a dar los mejores beneficios, por ejemplo, el lirio de la paz y el poto. Aunque las suculentas y los cactus pueden ser unas plantas de iniciación estupendas porque son muy fáciles de cuidar, dice que normalmente producen menos beneficios porque tienen un «intercambio gaseoso» más limitado.

También dice que puedes potenciar los beneficios si colocas las plantas donde tengan mayor acceso a grandes cantidades de luz: «Cuanta más luz puedas darles, mejor harán sus funciones».

★ Lengua de suegra (también conocida como espada de san Jorge o sansevieria, tiene hojas espigadas largas y elegantes).

★ Cintas (extremadamente agradecidas y fáciles de mantener).

★ Hiedra.

★ Lirio de la paz.

★ Aloe vera (espigas verdes elegantes con delgadas hojas carnosas de color verde).

★ Romero (es una hierba maravillosa para la cocina; frota unas ramitas entre los dedos e inhala su delicioso aroma).

Pequeños cambios para transformar tu vida

TARDE

juega a
videojuegos

Cómo aplicarlo: juega a un juego con mucha acción durante 30 minutos al día.

Mis tres hijos se pasaron una buena parte de su adolescencia jugando a videojuegos, algo en lo que mi hija no tenía el menor interés. Es curioso. Siempre he pensado que jugar a videojuegos era una pérdida de tiempo monumental. Como la mayoría de los padres, también veía estos juegos como extremadamente adictivos, malos para la vista y para la capacidad de atención. Sin embargo, por mucho que odie admitirlo, estaba equivocado.

Las investigaciones recientes sugieren que los juegos cargados de acción pueden ser buenos para el cerebro e incluso para la vista. Se ha demostrado que los juegos mejoran la memoria de trabajo (la capacidad de recordar más de una cosa al mismo tiempo), la atención y la capacidad para realizar múltiples tareas. Hay algunas pruebas de que incluso pueden cambiar áreas del cerebro relacionadas con el razonamiento abstracto y la resolución de problemas.

La neurocientífica cognitiva Daphne Bavelier es profesora de la Universidad de Ginebra y se ha especializado en el impacto que tienen los videojuegos en el comportamiento. «Como madre de tres hijos, comparto tus preocupaciones sobre que los videojuegos sean perjudiciales, pero como científica me he llevado la agradable sorpresa de ver cómo algunos videojuegos pueden tener un efecto positivo en el cerebro y el comportamiento —dice—. Los videojuegos adecuados pueden mejorar la capacidad de atención; también mejoran la percepción (lo bien que ves y oyes) y muestran una mejoría notable en la cognición espacial, la memoria de trabajo y la capacidad para realizar múltiples tareas. Creemos que, verdaderamente, los videojuegos pueden hacer que el cerebro se vuelva más eficiente a la hora de procesar información».

Al parecer, los juegos que ofrecen los beneficios cognitivos más potentes son los de acción que impliquen tomar decisiones rápidas, explorar el entorno y encontrar objetivos visuales. Se ha demostrado que estos tipos de videojuegos aumentan la materia gris en un área asociada con el razonamiento abstracto y la resolución de problemas. «Hemos notado que las personas que juegan a videojuegos de acción rápidos tienden a rendir increíblemente bien en nuestros test de atención..., y el efecto está sobre todo pronunciado en personas que juegan a disparar en lugar de juegos de participación o de resolver puzles», dice la profesora Bavelier.

Parece que los videojuegos te hacen mejor porque estás atento a varias cosas a la vez, ignoras las distracciones y te fijas en detalles en escenarios vertiginosos y confusos. Este tipo de habilidades son, por supuesto, útiles en la vida real, además de para matar alienígenas.

Pero ¿qué pasa con el lado oscuro de los videojuegos? Los desarrolladores emplean todo tipo de trucos para que sigas jugando más tiempo. Los juegos pueden ser adictivos: cuanto más juegas, más querrás jugar. Sin embargo, hay estudios que demuestran que no necesariamente incitan a un comportamiento agresivo o violento como se sospechaba con anterioridad.

Parece que tampoco son malos para la vista. La profesora Bavelier dice que los *gamers* jóvenes parecen tener mejor vista.

De hecho, un estudio descubrió que jugar una hora al día a un juego de acción mejoraba un tipo de visión denominada «sensibilidad al contraste». Esta es la capacidad que tienes para distinguir entre los tonos de gris y que, de manera natural, empeora con la edad.

Bueno, ¿soy demasiado mayor para jugar a videojuegos? La profesora Bavelier recomienda que los adultos mayores como yo, que son novatos con los videojuegos, empiecen con juegos de conducción. «Cualquier juego en el que necesites seguir un camino, pero, al mismo tiempo, evitar distracciones y obstáculos además de ganar puntos ayudará a potenciar la atención y el control de la atención», dice.

Y sus estudios demuestran que, si juegas 30 minutos al día, cinco días a la semana, deberías ver una mejoría cognitiva en tres meses aproximadamente.

Guía rápida para videojuegos: suena como un profesional al aliñar la conversación con los siguientes términos:

★ «Nos están flanqueando» - un oponente trata de atacaros desde un ángulo distinto.

★ «Únete» - te han invitado a unirte al grupo de alguien.

★ «En el lobby» - el área de espera donde los competidores se reúnen antes de que empiece el juego.

★ «La squad» - el grupo de jugadores que jugarán juntos.

★ «Los he machacado» - has golpeado con éxito al oponente.

★ «Ha revivido» - el personaje ha vuelto a nacer (a todos los efectos, ha regresado de entre los muertos).

★ «Soy novato» - nuevo en el juego/no estás familiarizado con el juego.

★ «Están en racha» - disfrutan de una serie de muertes/victorias exitosas.

★ «Les han disparado» - cuando alcanzan a alguien con un rifle de largo alcance.

Parece que los videojuegos te hacen mejor porque estás atento a varias cosas a la vez, ignoras las distracciones y te fijas en detalles en escenarios vertiginosos y confusos. Este tipo de habilidades son, por supuesto, tan útiles en la vida como para matar alienígenas.

Pequeños cambios para transformar tu vida

TARDE

espacios naturales

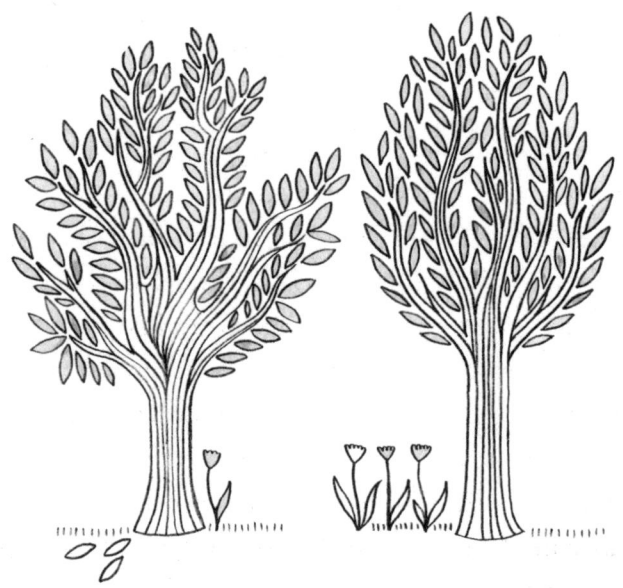

Cómo aplicarlo: trata de pasar unas cuantas horas a la semana en un espacio natural, disfruta de las vistas, los sonidos y olores.

Clare y yo tenemos mucha suerte de vivir cerca de un bosque y al borde de bastantes zonas de campo de fácil acceso. Lo que significa que, por las tardes, puedo dejar el ordenador y pasar algo de tiempo en la naturaleza. Sienta de lujo detenerte, mirar a tu alrededor, inspirar el olor de los árboles, escuchar los sonidos de los pájaros y apreciar los rayos de luz al pasar entre las hojas. Hacer una pausa para escuchar y percibir tu entorno de esta manera hace que tu atención se centre en el exterior, hace que conectes más con el mundo que te rodea y estés menos focalizado en tus pensamientos.

Ahora existen muchísimos estudios que demuestran que estar en un espacio natural basta para reducir el estrés y la ansiedad. Y no solo eso, sino que sorprendentemente parece que también ayuda a mejorar el sistema inmunológico. Las pruebas son tan convincentes que, en Escocia, los médicos han empezado a prescribirlo a sus pacientes, mientras que en Japón han creado la tradición de los «baños de bosque» o «darse una ducha de bosque».

Para obtener los máximos beneficios, deberías intentar emplear TODOS los sentidos: escuchar, inhalar, olfatear, tocar y mirar de verdad el mundo que te rodea. Hay algunos beneficios específicos de hacer respiraciones profundas cuando estás en un bosque. Esto se debe a que inhalas fitoncidas, los «aceites esenciales» que producen los árboles. Los árboles generan estas sustancias químicas orgánicas para protegerse a sí mismos de los microbios e insectos, pero también se ha demostrado que mejoran el estado de ánimo y refuerzan el sistema inmunológico.

«Pasar tiempo en un espacio natural tiene dos efectos principales sobre el sistema inmunológico —me contó la profesora Ming Kuo, directora del Landscape and Human Health Laboratory de la Universidad de Illinois—. Calma lo que necesita que se calme y refuerza lo que necesita ser reforzado.

»La naturaleza calma nuestro sistema de citocinas inflamatorias, que son las señales de alarma del cuerpo. Cuando se sobreestimulan, el cuerpo creará una defensa, llamada tormenta de citocinas, que puede ser letal..., sobre todo si contraes una enfermedad como el COVID.

»Sin embargo, la naturaleza también refuerza nuestro aparato inmunitario al mejorar el número de "células asesinas" naturales de nuestro sistema... cuyo trabajo es combatir los virus. De hecho, las investigaciones han descubierto que pasar tiempo en la naturaleza puede aumentar el número de células asesinas naturales hasta un 50 por ciento, y reduce las citocinas inflamatorias en la misma medida».

En otras palabras, pasar tiempo en espacios naturales no solo mantiene en plena forma nuestro sistema inmunológico, sino que también asegura que no reaccione de manera desproporcionada.

La profesora Kuo dice que puedes obtener beneficios pequeños pero consistentes incluso de dosis de pequeñas inmersiones en espacios naturales, por ejemplo, solo con vivir en una calle con árboles y contemplar las vistas. Sin embargo, tal vez los mayores beneficios vienen de mi pasatiempo favorito: dar un paseo por el bosque.

Así que sal al parque o a una zona boscosa cada vez que tengas la oportunidad.

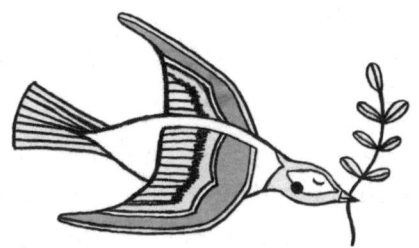

Sienta de lujo parar, mirar a tu alrededor, inspirar el olor de los árboles, escuchar los sonidos de los pájaros y apreciar los rayos de luz al pasar entre las hojas. Hacer una pausa para escuchar y percibir tu entorno de esta manera hace que tu atención se centre en el exterior, hace que conectes más con el mundo que te rodea y estés menos focalizado en tus pensamientos.

Pequeños cambios para transformar tu vida

TARDE

ponte de pie

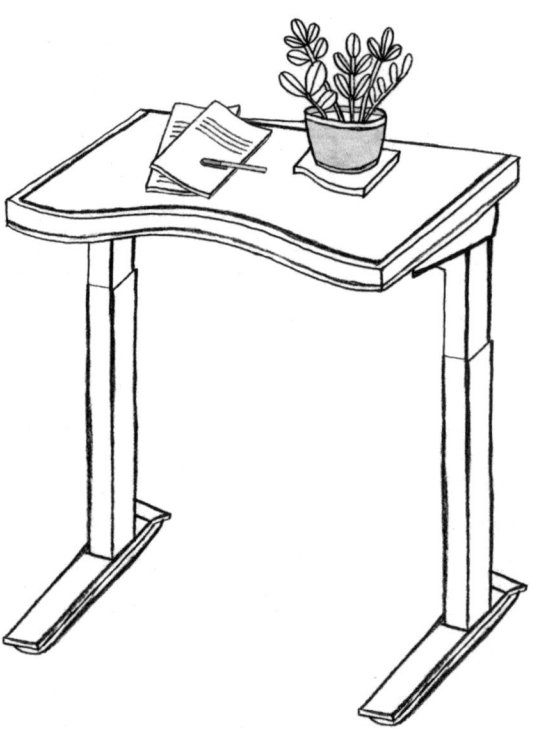

Cómo aplicarlo: quédate de pie durante dos o tres minutos cada hora.

Si trabajas pegado a un escritorio, como muchos de nosotros, seguramente hacia la última hora de la tarde te habrás pasado mucho tiempo sentado, y esto es muy malo para el cuerpo. Por suerte, tiene fácil solución: ¡ponerse de pie! Pasar más tiempo de pie es bueno para el azúcar en sangre y para los huesos. Incluso puede mejorar la salud psicológica.

Desde hace mucho tiempo sabemos que pasar mucho tiempo sentado, sobre todo cuando lo hacemos de forma continuada, es malo para nosotros. En la década de los cincuenta, los investigadores pusieron en relieve la marcada diferencia de salud entre los conductores de autobús (que se pasan el día sentados) y los cobradores de autobús (que solían estar de pie en la parte trasera del autobús repartiendo billetes). Descubrieron que los conductores tenían el doble de probabilidades de sufrir un ataque al corazón que los cobradores.

Desde entonces, numerosos estudios han demostrado que un estilo de vida sedentario aumenta el riesgo de sufrir diabetes de tipo 2, enfermedades cardiacas, envejecimiento generalizado y muerte por cualquier causa.

Aun así, los estudios indican que muchos de nosotros nos pasamos sentados 10 horas al día o más. Si te ganas la vida conduciendo, tus opciones pueden estar limitadas, pero si tu trabajo o estilo de vida lo permite, intenta ponerte de pie tanto como puedas; de verdad, puede suponer una gran diferencia, tanto física como mentalmente.

John Buckley, profesor de ciencias del deporte aplicado del Centro Universitario de Shrewsbury, me contó que cuando nos pasamos largos periodos sentados, nuestro cuerpo entra en modo «reposo», y apaga muchas de las funciones importantes que nos mantienen sanos. «Como cazadores-recolectores, estamos diseñados para pasarnos en movimiento la mayor parte del día —dice—. Quedarnos sentados ralentiza nuestro metabolismo y todo decae hasta entrar en fase de descanso.

»Sin embargo, cuando te pones de pie, todos tus sistemas entran en funcionamiento óptimo, y la gravedad tira de tu cuerpo sin que te des cuenta… Esta fuerza pequeña pero constante ayuda a que mantengamos la fuerza muscular y también la densidad ósea».

Parece que nuestro cuerpo necesita el aumento constante y casi imperceptible de la actividad muscular que nos ofrece el ponernos de pie. Hasta el movimiento más simple nos ayuda a mantener bajo control el azúcar en sangre, que tan importante es.

Quizá tengas la esperanza de poder contrarrestar los efectos dañinos de pasarte todo el día sentado con un paseíto al gimnasio para sudar la camiseta después del trabajo, pero cada vez más pruebas sugieren que a menos que hagas 40 minutos de un ejercicio moderadamente vigoroso todos y cada uno de los días, no puedes deshacer el daño que provoca estar sentado. Y va más allá: si pasas mucho tiempo sentado cada día, los beneficios de cualquier ejercicio que hagas podrían disminuir.

La respuesta subyace en aprovechar la oportunidad de ponerte de pie cada vez que puedas a lo largo del día y adoptar el hábito de pasarte más tiempo de pie que con el trasero en una silla.

CONSEJOS PARA PONERTE DE PIE

★ Invierte en un escritorio elevable. Un estudio reciente descubrió que, tras 12 meses utilizando un escritorio elevable, los voluntarios informaron que tenían menos ansiedad, menos cansancio y se implicaban más en su trabajo.

★ Establece una alarma en el teléfono para recordarte ponerte de pie un momento cada 30 minutos.

★ Cuando te llamen, levántate para atender la llamada (mejor aún, camina mientras hablas).

★ Inicia «reuniones de pie» o «reuniones en movimiento».

★ Quédate de pie en el transporte público.

★ Deja el mando a distancia lejos de tu alcance, de manera que tengas que levantarte cada vez que quieras cambiar de canal.

★ Levántate cada vez que salgan los anuncios en la televisión y haz algunos estiramientos o sentadillas.

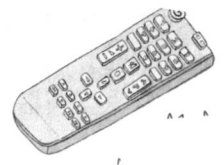

CASO PRÁCTICO

Jake, community manager

«Solía pasarme el 99 por ciento del día sentado; de hecho, casi no me movía más allá de la hora de comer, así que para mí fue un gran cambio que el doctor Mosley me pidiera que me esforzase por ponerme de pie cada hora. Una de las cosas que hice fue organizar reuniones de pie con mis compañeros, y descubrí que participaba más. Luego empecé a ponerme de pie casi sin darme cuenta para atender llamadas de teléfono. En serio, hace que me sienta más productivo. Normalmente, llegaba a casa y me pasaba la tarde sentado delante de la tele, pero después de ponerme de pie de vez en cuando durante el día, me sentía con más energía... ¡Es un hábito muy fácil de adoptar!».

Como cazadores-recolectores, estamos diseñados para pasarnos en movimiento la mayor parte del día. Quedarnos sentados ralentiza nuestro metabolismo y todo decae hasta entrar en fase de descanso.

Pequeños cambios para transformar tu vida

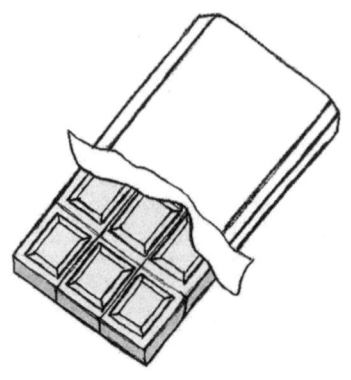

toma chocolate

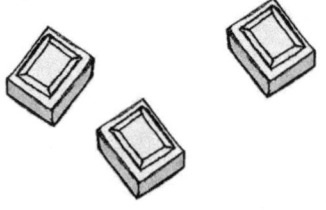

Cómo aplicarlo: reemplaza los antojos dulces por un par de onzas de chocolate negro.

Soy extremadamente goloso y la única manera en la que puedo evitar comer sin control los dulces es asegurarme de que no haya chucherías… y, desde luego, nada de chocolate con leche en casa. Sin embargo, a menudo me permito tomarme por la tarde-noche —o como postre después de cenar— un par de onzas pequeñas de chocolate negro. Ayuda a satisfacer mis antojos de algo dulce, y al mismo tiempo me ofrece beneficios potenciales para la salud, como reducir la presión arterial e incluso activar mi cerebro.

Los beneficios saludables del chocolate negro provienen de unos compuestos llamados flavanoles, que mencionamos antes con las manzanas. Los flavanoles también están presentes en los granos de cacao. Cuanto más oscuro sea el chocolate, más flavanoles suele contener. Por desgracia, no hay flavanoles en el chocolate blanco, y muy poco en el chocolate con leche, que prefiero con creces. Con el chocolate blanco y con leche, los fabricantes retiran el sabor amargo del cacao al procesarlo, y añaden azúcar y leche para hacerlo más apetitoso, pero precisamente son esos compuestos amargos los que aportan beneficios para la salud.

La profesora Aedin Cassidy es directora de investigaciones interdisciplinarias en la Universidad de Queen's en Belfast, y es experta en chocolate. Me contó que un motivo por el que bebe chocolate negro habitualmente es que «los ensayos han demostrado de manera contundente que beneficia y mejora la presión arterial, la circulación sanguínea y los niveles de insulina y colesterol».

La primera vez que los investigadores relacionaron el cacao con la salud fue cuando en unos estudios poblacionales de pueblos indígenas de Panamá revelaron que su presión arterial no aumentaba con la edad, como sí sucede en muchas otras partes del mundo. Esto, concluyeron, se debía a las grandes cantidades de cacao sin endulzar que el pueblo guna suele beber (hasta cinco tazas al día).

Más recientemente, un ensayo controlado aleatorizado llevado a cabo en Alemania y publicado en el *Journal of the American Medical Association* reveló que tomar chocolate negro produce algunos beneficios modestos. En este estudio, distribuyeron de manera aleatoria a 44 adultos de mediana edad con la tensión alta para que o bien tomaran 6 gramos de chocolate negro (dos onzas pequeñas) o 6 gramos de chocolate blanco cada tarde durante 18 semanas.

Al finalizar el estudio, solo aquellos que habían estado tomando el chocolate negro habían visto mejorías en la presión arterial, que cayó una media de 3 mmHg. No parece mucho, pero bastó para reducir el índice de hipertensión en este grupo del 86 por ciento al 68 por ciento.

Entonces, ¿por qué es bueno el chocolate negro? En parte se debe a que, al igual que con la remolacha (consulta la página 127), tomar chocolate negro desencadena la producción de óxido nítrico, que hace que los vasos sanguíneos se expandan y, por consiguiente, mejore el flujo sanguíneo. Sin embargo, la profesora Cassidy también cree que los flavanoles del chocolate negro pueden «alimentar» las bacterias «buenas» que viven en nuestro intestino.

«Una de las nuevas áreas más fascinantes de la investigación es el impacto del intestino en otros aspectos de nuestra salud mental y física —me contó—. Cuando comes chocolate negro, parece que los flavanoles llegan hasta el intestino grueso antes de que se metabolice. Ahí, las bacterias del intestino se dan un festín con ellas y las convierten en componentes especiales que posteriormente viajan al corazón y al cerebro. Son estos componentes los que parecen tener el potencial de producir efectos positivos. Parece que tienen la capacidad de aumentar el flujo sanguíneo cerebral, que ayuda al aprendizaje y la memoria».

La profesora Cassidy recomienda escoger un chocolate negro con un 50 por ciento de sólidos de cacao; es un punto intermedio entre sólidos de cacao muy altos (que puede resultar muy amargo) y sólidos de cacao muy bajos (que puede tener muchas calorías, y resulta muy tentador caer en él).

CASO PRÁCTICO

Christine, una encargada ocupada en el sector sanitario
Normalmente, Christine está rodeada de dulces, de los que dependen tanto ella como otros médicos para aguantar los turnos interminables. Le pedí que ignorase los bizcochos y los dónuts y que, en lugar de eso, tomase dos onzas de chocolate negro cada vez que sintiera la necesidad de tomar algo dulce. Estuvo encantada de aceptar el reto: «¡Estoy disfrutando un montón este experimento! —dice—. Me estoy acostumbrando al sabor del chocolate negro. Es difícil limitarme solo a dos onzas, pero he descubierto que es suficiente para darme un impulso si estoy a punto de hacer una tarea importante. De hecho, me sorprende lo mucho que me ayudan solo dos onzas a sobrellevar el bajón de energía de la tarde hasta llegar a la noche».

CUANTO MÁS OSCURO, MEJOR

Cuantos más sólidos de cacao contenga un producto de chocolate, con más antioxidantes tenderá a contribuir.

- 20 gramos de chocolate negro (60 por ciento de sólidos de cacao) contienen 34 microgramos de flavanoles
- 20 gramos de chocolate con leche contienen 14 microgramos de flavanoles
- 20 gramos de chocolate blanco no contienen flavanoles

La primera vez que los investigadores relacionaron el cacao con la salud fue cuando en unos estudios poblacionales de pueblos indígenas de Panamá revelaron que su presión arterial no aumentaba con la edad, como sí sucede en muchas otras partes del mundo.

Pequeños cambios para transformar tu vida

TARDE

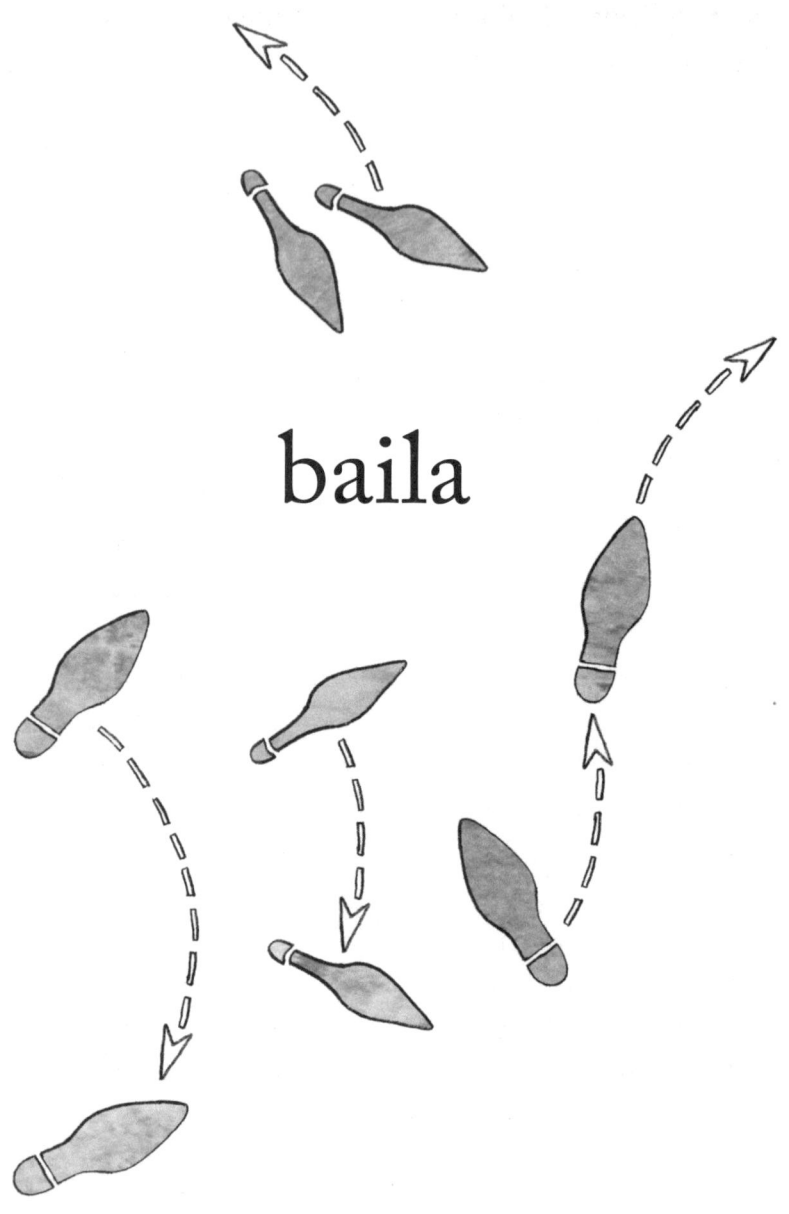

baila

Cómo aplicarlo: baila al son de la música entre cinco y diez minutos cada día.

Si te apetece hacer algo más activo físicamente hablando que jugar a videojuegos, ¿qué te parece echarte un bailecito? No soy de las personas que mejor se mueve del mundo, pero de vez en cuando me gusta pasar la noche bailando salsa con mi mujer, Clare. Y si lo que te gusta es darlo todo en la pista, te alegrará saber que se ha demostrado que bailar, y probar rutinas nuevas, es más efectivo que los ejercicios de *fitness* tradicionales a la hora de mejorar los músculos, el equilibrio y la salud cerebral. Bailar con energía puede aumentar tus latidos hasta 140 pulsaciones por minuto y brinda una gran combinación de ejercicios de baja y alta intensidad en el proceso.

Además, está demostrado que bailar ayuda a aliviar la depresión, reducir el riesgo de sufrir enfermedades cardiacas e ictus, mejora la memoria y te protege contra la demencia.

Y lo mejor de todo es que ni siquiera necesitas ser bueno en ello. La doctora Julia Christensen, del Max Planck Institute en Alemania, es una antigua bailarina que se reinventó como neurocientífica y me contó que los bailarines de competición suelen estresarse mucho a la hora de bailar cuando, en realidad, la clave para obtener los beneficios del baile es estar relajado. Así que disfruta y baila como si nadie te observara (ya que probablemente nadie te esté mirando).

La doctora Christensen dice que bailar potencia todos los beneficios conocidos de escuchar música al añadir la dimensión social. Como fomenta la cohesión de grupo y el formar vínculos, parece tener un efecto reductor del estrés más potente que solo escuchar música.

Al parecer, también mejora la atención y nos ayuda a ser mejores en multitarea y planificación.

Los estudios de imágenes cerebrales muestran que bailar puede aumentar el volumen del hipocampo (un área del cerebro donde se ubica la memoria espacial) y mejora la materia blanca (el número de neuronas) en áreas del cerebro asociadas con la velocidad de procesamiento y la memoria.

Algunas de las investigaciones más fascinantes de la doctora Christensen indagan en la ciencia de la «interocepción», el ser consciente de las sensaciones corporales: «Al colocar electrodos diminutos en los dedos, logramos demostrar que a las personas que bailan se les da mejor reconocer emociones en otras personas... Sus cuerpos de verdad reaccionan de manera diferente a las expresiones emocionales».

Al parecer, ¡todos (incluso yo) somos bailarines natos! «Los humanos son la única especie con una conexión específica entre los oídos y las piernas, lo que significa que estamos programados para sincronizarnos con el ritmo de nuestros movimientos», dice.

Evidentemente, bailar juntos es más divertido que bailar solos y también nos puede ayudar a gestionar el dolor, porque bailar con entusiasmo con otras personas desencadena la liberación de endorfinas, unas poderosas hormonas que pueden aliviar el dolor y estimular sensaciones positivas.

Lo mejor es unirse a una clase semanal. Así te resultará más fácil mantenerlo. O tal vez puedes apuntarte a clases online para empezar en casa. Puedes ganar muchísimo con mover un poco el esqueleto en la cocina o al sacar los pasos prohibidos en la habitación.

Creo sinceramente que bailar es una de las mejores maneras de mantener el cuerpo y la mente sana y en forma. Libera el estrés, es un ejercicio y, por encima de todo: se siente genial.

CASO PRÁCTICO

Lorne, dueño de una agencia de viajes de Edimburgo

«La última vez que bailé fue cuando gané una competición de disco en el colegio... pero ¡ya ha llovido mucho desde entonces! Sin embargo, me he pasado una semana bailando un poco por las mañanas con mis hijos. A veces me siento un poco tonto cuando bailo el *boogie* en la cocina mientras todos se toman el desayuno a toda prisa antes de salir de casa, pero es divertido y es una manera estupenda de empezar el día... Desde luego, me sube el ánimo. Ahora incluso me he apuntado a una clase de baile online... Quizá esto me lleve a una nueva rutina de ejercicio».

Al parecer, ¡todos (incluso yo) somos bailarines natos! Los humanos son la única especie con una conexión específica entre los oídos y las piernas, lo que significa que estamos programados para sincronizarnos con el ritmo de nuestros movimientos.

Pequeños cambios para transformar tu vida

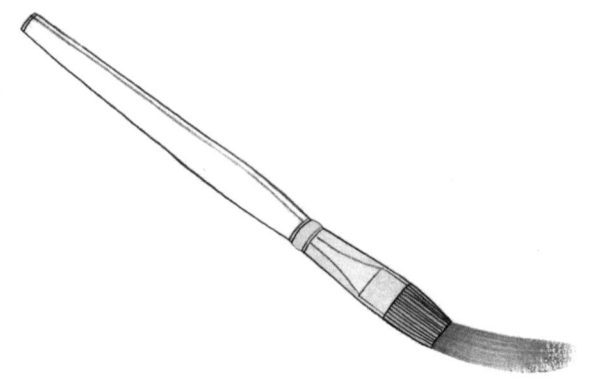

aprende una
destreza nueva

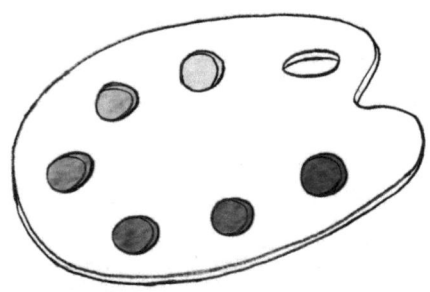

Cómo aplicarlo: elige algo que disfrutes y te suponga un reto, y dedícale 20-30 minutos al día.

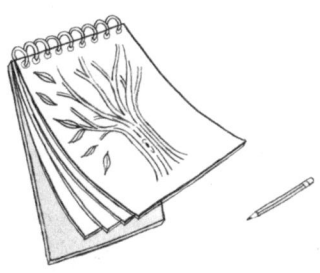

Hace poco probé la pintura. Era la primera vez que intentaba dibujar algo desde que era niño, y la primera vez que utilizaba óleo. Cuando la modelo entró y se acomodó en la silla, estaba aterrado. No tenía ni idea de por dónde empezar.

El profesor de arte nos enseñó las bases de la perspectiva y cómo mezclar el óleo, y luego nos dejó a nuestro aire. Estuve allí un par de horas y me sorprendió lo interesante que fue. Las manos de la modelo me salieron de pena, y sus pies acabaron como dos feos manchurrones rosados, pero me quedé satisfecho con el resultado final. Y quiero volver.

Empezar un videojuego, aprender a bailar o intentar pintar algo suponen un desafío, sobre todo a mi edad (65), pero precisamente porque suponen un reto, hacerlos tiene un efecto tan potente en el cerebro a medida que nos hacemos mayores. Como dijo el presidente de EE. UU. John F. Kennedy, cuando inició la carrera estadounidense a la Luna: «En esta década, elegimos ir a la Luna y hacer otras cosas no porque sean fáciles, sino porque son difíciles».

Este es un sentimiento con el que Alan Gow, profesor de psicología en la Universidad de Heriot-Watt, estaría de acuerdo. Su investigación ha demostrado que intentar adquirir nuevas destrezas a una edad avanzada no solo supondrá un buen ejercicio para tu cerebro, sino que también podría generar nuevas neuronas.

«Las pruebas sugieren que es posible hacer cambios que no hubieras creído posible hace unas décadas», dice.

Tal vez pienses que aprender a tocar el piano, hablar mandarín avanzado o comprender las complejidades de las hojas de cálculo puede resultar estresante por naturaleza; sin embargo, los estudios demuestran que, en realidad, el acto de aprender puede reducir los niveles de estrés.

En un estudio, pidieron a los voluntarios que o bien aprendiesen algo nuevo o hiciesen algo relajante. Quizá para sorpresa de todos, el grupo que notó una mayor reducción en sus niveles de estrés fue el que aprendió destrezas nuevas.

Esto se debe a que cuando haces algo que te absorbe, el mundo exterior queda en pausa. Al igual que practicar *mindfulness*, calma de forma efectiva la voz crítica de tu cabeza, que tan a menudo te lleva a centrarte en los fracasos del pasado y te desanima. El proceso de abordar algo nuevo, sobre todo cuando lo haces en grupo con más personas, hace que de verdad juzgues menos tus acciones y te estresa menos.

Aprender algo nuevo también puede cambiar tu forma de pensar, al igual que la manera en la que te sientes. Si la destreza es lo bastante compleja, tu cerebro se verá obligado a forjar caminos nuevos y crear nuevas conexiones, y esto, literalmente, puede potenciar tu poder cerebral.

Los estudios actuales del profesor Gow indican que, después de tres meses trabajando en una habilidad nueva, las personas muestran mejoría en sus habilidades de pensamiento..., sobre todo en aquellas áreas del cerebro que se ven más afectadas por el envejecimiento.

«La velocidad de procesamiento y pensamiento tienden a estar entre las principales áreas de las funciones cerebrales que comienzan a deteriorarse con la edad, pero creemos que precisamente son estas áreas de las funciones cerebrales que más se benefician de aprender una destreza nueva —explica—. Creemos que puede revertir esa sensación de "quedarse atrás" que sentimos cuando nos hacemos mayores, y si sigues perfeccionando la habilidad, este beneficio podría extenderse a otras habilidades de pensamiento y también mejorar la memoria».

Así que, por suerte, parece que es cierto eso de a buey viejo, cencerro nuevo. Como dice el profesor Gow: «Nunca es tarde para probar cosas nuevas y, cuanto más tiempo las mantengas, más beneficios acumularás con el tiempo.

»Y las personas que mantienen sus habilidades de pensamiento —añade—, normalmente viven más tiempo y llevan una vida más sana… Así que tiene sentido abrazar la oportunidad de mejorarlas».

APRENDE UN IDIOMA

Una de las mejores cosas que puedes hacer por tu cerebro es aprender un idioma nuevo, porque esos malabarismos que haces entre los distintos sonidos, palabras, conceptos y normas gramaticales y sociales mejoran la circulación sanguínea y las conexiones cerebrales en su totalidad. Literalmente, puede alterar el cerebro al aumentar el número de neuronas y conexiones entre ellas. Incluso puede mejorar tu inteligencia. Pero para obtener los máximos beneficios, tienes que dedicarte a la tarea y practicar el idioma nuevo ¡cinco horas a la semana!

¿LOS PUZLES, CRUCIGRAMAS Y SUDOKUS ENTRENAN LA MENTE?

Según el profesor Gow, resolver puzles de sudoku complicados o hacer crucigramas ayudará un poco, pero ni por asomo son tan efectivos a la hora de conservar las habilidades de pensamiento como aprender una habilidad nueva como bailar o pintar.

Pequeños cambios para transformar tu vida

TARDE-NOCHE

un baño caliente

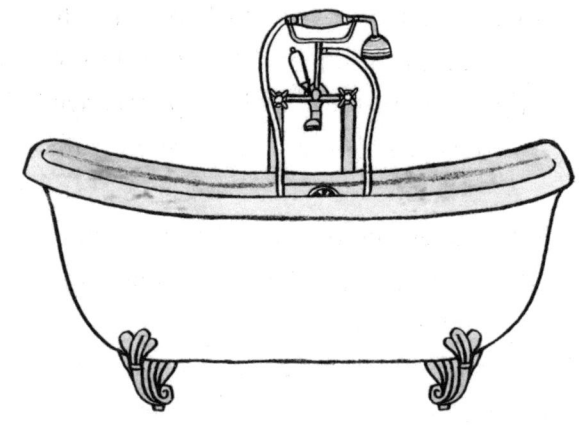

Cómo aplicarlo: disfruta de un buen baño caliente 90 minutos antes de irte a la cama.

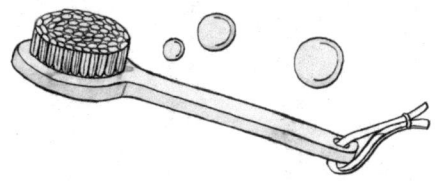

Darse un relajante baño caliente es una delicia y uno de esos escasos placeres de la vida que no solo hacen que te sientas de fábula, sino que además, ¡son buenos! Los estudios sugieren que darse un baño caliente de manera habitual podría ayudar a reducir los niveles de azúcar en sangre y el riesgo de sufrir enfermedades cardiacas. Y para aquellos que os cuesta quedaros fritos por la noche, os gustará saber que daros un baño caliente una hora y media antes de dormir podría ayudaros a quedaros dormidos más rápido y mejorar la calidad del sueño.

Jason Ellis es profesor de psicología en la Universidad de Northumbria y director del Northumbria Sleep Centre. A él le gusta darse un baño caliente por la noche y me contó que uno de los principales motivos por los que ayuda a promover el sueño es por el efecto que tiene en la temperatura corporal. Aunque tienes que buscar el momento adecuado.

Cuando te das un baño caliente, la temperatura corporal aumenta. Sin embargo, cuando sales y empiezas a enfriarte, es cuando empiezas a cosechar los beneficios que inducen el sueño.

«A medida que la temperatura corporal disminuye, imita el inicio del sueño, lo que desencadena la liberación de la hormona del sueño, la melatonina, y envía una fuerte señal de que es hora de irse a la cama. También tiene su impacto psicológico

—añade—. Quedarse en remojo en la bañera es un momento valioso "para mí" si has tenido un día ajetreado».

Aunque dice que darse una ducha caliente funciona de manera similar, el baño es mejor —«porque te sumerges por completo en agua caliente»— y recomienda que la temperatura oscile entre los 40-42 ºC, unos 90 minutos antes de acostarte, para obtener los máximos beneficios.

POTENCIA LOS BENEFICIOS DEL BAÑO

★ Atenúa las luces (la oscuridad ayuda a aumentar la melatonina, que desencadena el sueño).

★ Vierte aceite esencial de lavanda en la bañera (los estudios demuestran que inhalarlo mejora el sueño).

★ Pon algo de música ambiente suave (los estudios indican que la música clásica puede mejorar la calidad del sueño).

★ Impón la prohibición de usar pantallas después del baño: nada de mirar el teléfono (el estímulo unido a la luz azul de cualquier pantalla puede hacer que te sientas alerta y que se posponga el inicio del sueño).

CASO PRÁCTICO

Jen, madre de dos niños y auxiliar médico en salud mental

«No duermo muy bien y siempre me ha costado relajarme, pero después de darme un baño caliente me entró mucho sueño; hacía mucho tiempo que no dormía tan bien. He adoptado el hábito de darme un baño caliente antes de dormir tres veces a la semana, y definitivamente lo recomiendo a cualquiera que le cueste dormir».

A medida que la temperatura corporal disminuye, imita el inicio del sueño, lo que desencadena la liberación de la hormona del sueño, la melatonina, y envía una fuerte señal de que es hora de irse a la cama.

Pequeños cambios para transformar tu vida

TARDE-NOCHE

lee

Cómo aplicarlo: lee un libro durante 30 minutos cada día. Lo ideal es que sea una obra de ficción.

Soy un fan absoluto de la lectura y lo he sido desde muy pequeño. No era raro verme paseando por la calle mientras leía con avidez y trataba de esquivar a los transeúntes y a las farolas. Ahora voy sacando momentos de lectura cuando puedo, como durante el descanso para el almuerzo, en el tren o por la noche. También soy miembro de un club de lectura local, que durante los últimos 10 años ha sido una gran fuente de entretenimiento y alimento para la mente, así que no necesito que me persuadan de que leer montones de libros de ficción es bueno para la empatía y las habilidades sociales. Tampoco de que ayuda a mejorar la memoria y te protege contra la depresión.

Lo mejor sobre leer ficción en concreto es que hace de entrenamiento para el «cerebro entero». Cuando los investigadores de la Universidad de Stanford analizaron el cerebro de las personas mientras leían a Jane Austen (una de mis autoras favoritas), descubrieron un aumento drástico e inesperado en el flujo sanguíneo en todo el cerebro.

Esto sucede porque cuando nos abstraemos de verdad con un buen libro, nuestro cerebro se afana por imaginar el entorno, los sonidos, olores y sabores que se describen, y esto activa las diversas áreas del cerebro que procesan estas experiencias en la vida real. Palabras como «lavanda», «canela» y «jabón», por ejemplo, desencadenarán una respuesta no solo en las áreas de procesamiento del lenguaje de nuestro cerebro, sino también en aquellas que se encargan de los olores.

Según el doctor neurocientífico Raymond Mar, de la Universidad de York en Toronto, leer ficción puede aumentar la empatía y habilidades interpersonales porque las partes del cerebro que empleamos para comprender las historias se solapan con las que utilizamos para comprender a otras personas. «Leer ayuda a nuestro cerebro a ser mejores a la hora de crear modelos exactos de personas reales y predecir qué pueden pensar, sentir o hacer», me contó.

Para mí los libros siempre han sido una vía de escape, así que no me sorprendió descubrir que los estudios demuestran que leer es una de las mejores maneras de huir de la presión de la vida moderna. Este aspecto de la lectura es el que puede reducir el riesgo de sufrir depresión en un lector ávido.

«La ansiedad se basa en traer el foco de atención hacia dentro —dice el doctor Mar—, pero leer nos obliga a enfocarnos en las palabras y en la historia, y esto puede sacarnos de nuestra cabeza y ayudarnos a relajarnos. Podemos entrar en un estado meditativo cuando estamos muy absortos».

Mientras tanto, y lo más destacable, los estudios han demostrado que ser lector entusiasta también se asocia con una vida más larga, aunque sospecho que esto tiene mucho que ver con el hecho de que es más probable que las personas que leen también lleven un estilo de vida más sano. Las investigaciones de la Universidad de Yale descubrieron que aquellos que leen 30 minutos al día vivían una media de 23 meses más que aquellos que no…, lo contrario de lo que ocurre si pasas la misma cantidad de tiempo viendo la televisión.

Así que ¿qué deberíamos leer? El doctor Mar tiene preferencia por las novelas o biografías (en lugar de no ficción). La clave es que el lector se encuentre inmerso en la historia. «Es importante que encuentres algo que disfrutes leyendo», dice al señalar que los beneficios positivos surgen solo después de una exposición repetida con frecuencia y a largo plazo.

Leer ficción en concreto es un entrenamiento para el «cerebro entero». Cuando los investigadores de la Universidad de Stanford analizaron el cerebro de las personas mientras leían a Jane Austen, descubrieron un aumento drástico e inesperado en el flujo sanguíneo en todo el cerebro.

Pequeños cambios para transformar tu vida

TARDE-NOCHE

da gracias por lo que tienes

Cómo aplicarlo: por último, antes de acostarte por la noche, escribe tres cosas por las que te sientas agradecido.

La idea de que deberías «dar las gracias» puede sonar un poco anticuada, pero hay pruebas sólidas que respaldan a quienes afirman que adoptar el hábito de sentirte agradecido de manera constante no solo te hace más feliz, sino que también reduce la presión arterial, mejora el sueño, alivia el dolor e incluso reprograma el cerebro con efectos duraderos. ¿Cómo puede algo tan simple ser tan poderoso? ¿Y cómo puedes beneficiarte de ello?

Según la doctora Fuschia Sirois, profesora de psicología de la Universidad de Durham especializada en investigar la gratitud, la autocompasión y su papel en la salud y el bienestar, «Una de las maneras más sencillas de hacerlo es pensar en tres cosas por las que te hayas sentido agradecido ese día. Quizá alguien ha sido amable contigo, o puede que te fijases que era un bonito día soleado, o has tenido la oportunidad de salir y disfrutar del aire fresco».

El objetivo de practicar la gratitud de manera constante es desarrollar lo que ella llama una «mentalidad agradecida», que puede tener efectos positivos muy potentes.

«Hay un montón de distintas teorías sobre cómo funciona la gratitud —me contó—. Tal vez la gratitud te lleve a un estado más positivo, que tengas una perspectiva más abierta y te permita concentrarte en lo positivo y apreciarlo en lugar de focalizarte en tus preocupaciones. Si te cuesta dormir, ten por seguro que esto puede ayudarte.

»Hemos descubierto que la gratitud puede reducir los niveles de estrés al ayudarnos a ver las cosas desde una perspectiva más amplia, en lugar de la estrechez de miras que solemos adoptar cuando se activan nuestros mecanismos de lucha y huida —añade—. Si la gratitud puede reducir y regular nuestra respuesta al estrés, tiene sentido que aporte una influencia positiva en los mecanismos que influyen en él, como la inflamación, que es un marcador de riesgo para numerosas enfermedades crónicas».

La profesora Sirois y su equipo han estado estudiando los beneficios de la gratitud en personas que viven en situaciones estresantes continuas, como aquellas que sufren condiciones de salud crónicas. En el ensayo, los participantes que se pasaron tres semanas dando las gracias informaron sentir una reducción significativa de dolor, además de dormir mejor, que los del grupo de control.

Ella cree que esto igual se debe a que la percepción del dolor se puede amplificar con facilidad a causa del estrés y los sentimientos negativos, y si expresar gratitud alivia esos sentimientos negativos, el grado en el que sientes dolor también puede verse afectado.

Otra investigación muestra que una mentalidad agradecida puede aumentar las probabilidades de que adoptes hábitos saludables (comer sano y hacer ejercicio de manera regular, por ejemplo), y ha identificado una conexión a la que los investigadores se refieren como «orientación futura» (el punto hasta el que un individuo piensa en el futuro y anticipa consecuencias futuras).

Un estudio estadounidense descubrió que pedir a las personas que hagan una «lista de gratitud» tuvo como resultado mayores tasas de felicidad y menos enfermedades físicas. Tras dos meses de escritura, los participantes también comenzaron a hacer ejercicio, tal vez porque se sentían mejor con respecto a la vida.

«Cuando indagas en las investigaciones sobre los cambios neurológicos que suceden en el cerebro de las personas que tienden a ser agradecidas, ves que las áreas del cerebro que se activan cuando las personas sienten gratitud tienden a ser las mismas áreas que se relacionan con la capacidad de pensar sobre los resultados futuros de sus acciones», dice la profesora Sirois.

Así que adoptar una mentalidad agradecida puede ayudar a cambiar tus procesos de pensamientos negativos a positivos y las sustancias químicas que te hacen sentir bien que se liberan pueden incluso reprogramar tu cerebro.

Cabe señalar que no todas las investigaciones sobre escribir aquello por lo que nos sentimos agradecidos han arrojado resultados deslumbrantes y, si te preocupa mucho tu salud mental, deberías hablar con tu médico. Pero si, como yo, eres alguien que de vez en cuando tiende a revolcarse en el lado oscuro de la vida, dar gracias por lo que tienes y escribirlas te puede ayudar de verdad.

Y este parece un buen broche final. Así que déjame acabar diciendo que hacer la serie del pódcast *Just One Thing* es una de las mejores cosas que he hecho y, en serio, me siento muy agradecido por todas las personas que han contribuido a la serie y con este libro. Espero que hayas disfrutado de la lectura y que le des una oportunidad a los pequeños cambios.

CONSEJOS PARA TENER UN DIARIO DE GRATITUD EFECTIVO

★ Ten un cuaderno y un bolígrafo junto a la cama.

★ Dedica 15 minutos a escribir en él cada noche.

★ Solo tienes que escribir a modo de nota tres cosas por las que te sientes agradecido.

★ ¿Alguien ha sido amable contigo?

★ ¿Qué pequeños detalles te han hecho sentir bien hoy?

★ ¿Hay alguien en tu vida por quien te sientas agradecido? ¿Por qué?

★ ¿Qué habilidades o destrezas te sientes agradecido de tener?

★ ¿Por qué elementos de la naturaleza te sientes agradecido y por qué?

CASO PRÁCTICO

Nathan, instructor de fitness

«Me pidieron que, por las noches a la hora de dormir, me sentara y escribiera tres cosas por las que estoy agradecido, pero al cabo de unas cuantas noches noté que estaba demasiado cansado cuando me iba a la cama como para concentrarme como es debido. Así que, en vez de eso, decidí que fuera algo que hiciera al despertar por las mañanas. Descubrí que es una manera estupenda de comenzar el día y me ha sorprendido lo fácil que es encontrar cosas por las que me siento agradecido. Creo que este ejercicio te obliga a pensar en aquello que te hace feliz; te ayuda a apreciar lo que tienes y que tengas una mentalidad más amplia. De hecho, ¡diría que estoy muy agradecido de que se me haya presentado la oportunidad de practicar el diario de gratitud!».

NOTAS FINALES

INTRODUCCIÓN

1. <https://onlinelibrary.wiley.com/doi/abs/10.1002/ejsp.674>.

CAPÍTULO 1: PRIMERA HORA DE LA MAÑANA

Ejercicios inteligentes

1. <https://www.health.harvard.edu/staying-healthy/more-push-upsmay-mean-less-risk-of-heart-problems>.
2. <https://pubmed.ncbi.nlm.nih.gov/31216005/>

Ducha fría

1. <https://pubmed.ncbi.nlm.nih.gov/8925815/>.
2. <https://www.ncbi.nlm.nih.gov/pmc/articles/PMC2211456/>.
3. <https://www.ncbi.nlm.nih.gov/pmc/articles/PMC5025014/>.
4. <https://www.ncbi.nlm.nih.gov/pmc/articles/PMC7730683/shower>.

Canta

1. <https://www.ncbi.nlm.nih.gov/pmc/articles/PMC3860955/>.
2. <https://pubmed.ncbi.nlm.nih.gov/27515501/>.
3. <https://pubmed.ncbi.nlm.nih.gov/30534062/>.
4. <https://journals.sagepub.com/doi/abs/10.1177/13591053211012778>.

Medita

1. <https://www.ncbi.nlm.nih.gov/pmc/articles/pmc3004979/>.
2. <https://jamanetwork.com/journals/jamainternalmedicine/fullarticle/2110998>.
3. <https://www.ncbi.nlm.nih.gov/pmc/articles/pmc5934947/>.
4. <https://pubmed.ncbi.nlm.nih.gov/24096366/>.

5. <https://news.harvard.edu/gazette/story/2018/04/harvard-researchers-study-how-mindfulness-may-change-the-brain-in-depressed-patients/>.

6. <https://www.health.harvard.edu/pain/mindfulness-meditation-to-control-pain>.

7. <https://www.ncbi.nlm.nih.gov/pmc/articles/pmc8430251/>.

Paseo mañanero

1. <https://www.sleephealthjournal.org/article/S2352-7218(17)30041-4/fulltext>.

2. <https://www.ulster.ac.uk/news/2018/june/study-finds-walkingfaster-could-help-you-live-longer>.

CAPÍTULO 2: DESAYUNO

Cambia el horario de tus comidas

1. <https://pubmed.ncbi.nlm.nih.gov/22608008/>.

2. <https://www.surrey.ac.uk/news/many-people-could-reduce-theirfeeding-window-three-hours-finds-new-time-restricted-feeding-study>.

3. <https://www.salk.edu/news-release/clinical-study-finds-eating-within-10-hour-window-may-help-stave-off-diabetes-heart-disease/>.

Bebe agua

1. <https://www.bda.uk.com/resource/the-importance-of-hydration.html>.

2. <https://www.alzdiscovery.org/cognitive-vitality/blog/can-dehydrationimpair-cognitive-function>.

3. <https://westminsterresearch.westminster.ac.uk/item/v7599/drinkingwater-enhances-cognitive-performance-positive-effects-on-workingmemory-but-not-long-term-memory>.

4. <https://pubmed.ncbi.nlm.nih.gov/26200171/>.

5. <http://pure-oai.bham.ac.uk/ws/portalfiles/portal/18685679/parretti_waterpreloadingRCT.pdf>.

Toma alguna bacteria

1. <https://pubmed.ncbi.nlm.nih.gov/33693453/>.

2. <https://pubmed.ncbi.nlm.nih.gov/25998000/>.

Mantén el equilibrio sobre una pierna

1. <https://www.nature.com/articles/sj.bdj.2018.1062>.

2. <https://pubmed.ncbi.nlm.nih.gov/17503879/>.

3. <https://www.ncbi.nlm.nih.gov/pmc/articles/PMC6873344/>.

4. <https://www.bmj.com/content/348/bmj.g2219>.

Bebe café

1. <https://www.bmj.com/content/359/bmj.j5024>.
2. <https://www.hsph.harvard.edu/news/hsph-in-the-news/coffeedepression-women-ascherio-lucas/>.
3. <https://www.nottingham.ac.uk/news/brown-fat-and-coffee>.
4. <https://aru.ac.uk/news/coffee-linked-to-lower-body-fat-in-women>.

CAPÍTULO 3: MEDIA MAÑANA

Date un respiro

1. <https://www.sciencedirect.com/science/article/pii/S0003687016302666>.
2. <https://www.nhm.ac.uk/discover/how-listening-to-bird-song-cantransform-our-mental-health.html>.
3. <https://www.ncbi.nlm.nih.gov/pmc/articles/PMC3779797/>.

Respiraciones profundas

1. <https://www.ncbi.nlm.nih.gov/pmc/articles/PMC6137615/>.
2. <https://www.ncbi.nlm.nih.gov/pmc/articles/PMC5455070/>.
3. <https://pubmed.ncbi.nlm.nih.gov/30826382/>.
4. <https://pubmed.ncbi.nlm.nih.gov/21939499/>.

Haz menos deporte, pero más a menudo

1. <https://journals.lww.com/acsm-msse/Fulltext/2019/06000/Association_between_Bout_Duration_of_Physical.16.aspx>.
2. <https://www.ncbi.nlm.nih.gov/pmc/articles/PMC4202748/>.

Ejercicio excéntrico

1. <https://pubmed.ncbi.nlm.nih.gov/28291022/>.
2. <https://www.ncbi.nlm.nih.gov/pmc/articles/PMC6510035/>.

Visualízate más fuerte

1. <https://www.ncbi.nlm.nih.gov/pmc/articles/PMC6535038/>.
2. <https://bmcmedicine.biomedcentral.com/articles/10.1186/1741-7015-9-75>.

CAPÍTULO 4: ALMUERZO

Disfruta del pescado azul

1. <https://www.sciencedaily.com/releases/2021/03/210308131709.htm>.

2. <https://www.ncbi.nlm.nih.gov/pmc/articles/PMC3917688/>.

3. <https://www.ncbi.nlm.nih.gov/pmc/articles/PMC4113767/>.

4. <https://www.ncbi.nlm.nih.gov/pmc/articles/PMC6683166/>.

5. <https://www.ncbi.nlm.nih.gov/pmc/articles/PMC4965662/>.

6. <https://pubmed.ncbi.nlm.nih.gov/34872587/>.

Toma remolacha

1. <https://www.ncbi.nlm.nih.gov/pmc/articles/PMC6515411/>.

2. <https://sshs.exeter.ac.uk/news/research/title_37371_en.html>.

3. <https://pubmed.ncbi.nlm.nih.gov/21471821/>.

4. <https://www.ncbi.nlm.nih.gov/pmc/articles/PMC6683255/>.

5. <https://tikvadrink.com/benefits/blood-pressure/?srsltid=AfmBOoqExfCF4
9Q-OuxIAsrKMJb1pk5cLVrAbyPVptDjKvXyeWK78240>.

Una manzana al día

1. <https://pubmed.ncbi.nlm.nih.gov/22019438/>.

2. <https://pubmed.ncbi.nlm.nih.gov/29086478/>.

3. <https://www.cambridge.org/core/journals/british-journal-of-nutrition/
article/apple-intake-is-inversely-associated-with-allcause-
anddiseasespecific-mortality-in-elderly-women/
EC7A2E4916E6A660649736CE42189685>.

4. <https://pubmed.ncbi.nlm.nih.gov/31584311/>.

Toma un poco el sol

1. <https://www.ed.ac.uk/news/2021/sunlight-linked-with-lowercovid-19-
deaths>.

2. <https://www.ncbi.nlm.nih.gov/pmc/articles/PMC6013996/>.

3. <https://www.ncbi.nlm.nih.gov/pmc/articles/PMC1470481/>.

4. <https://www.ncbi.nlm.nih.gov/pmc/articles/PMC6490896/>.

5. <https://medicine-vet-medicine.ed.ac.uk/news-events/news-archive/
news-2013/sunshine-080513>.

Échate una siesta

1. <https://www.bmj.com/company/newsroom/once-or-twiceweekly-daytime-
nap-linked-to-lower-heart-attack-stroke-risk/>.

2. <https://news.berkeley.edu/2010/02/22/naps_boost_learning_capacity/>.

3. <https://news.mit.edu/2021/india-sleep-study-economics-0729>.

CAPÍTULO 5: TARDE

Compra plantas para tu casa

1. <https://www.lung.org/clean-air/at-home/indoor-air-pollutants/volatileorganic-compounds#:~:text=VOCs%20Can%20Harm%20Health,effects%2C%20though%20many%20have%20several.>.
2. <https://link.springer.com/article/10.1007/s11270-006-9124-z>.

Juega a videojuegos

1. <https://www.jstor.org/stable/27032854>.
2. <https://www.psychologicalscience.org/news/releases/2020-septviolent-video-games.html>.
3. <https://www.ncbi.nlm.nih.gov/pmc/articles/PMC2921999/>.

Espacios naturales

1. <https://www.ncbi.nlm.nih.gov/pmc/articles/PMC7913501/>.
2. <https://www.ncbi.nlm.nih.gov/pmc/articles/PMC8408569/>.
3. <https://www.nature.com/articles/s41893-021-00781-9>.
4. <https://www.ncbi.nlm.nih.gov/pmc/articles/PMC4548093/>.
5. <https://www.tandfonline.com/doi/full/10.1080/15622975.2021.1938670>.

Ponte de pie

1. <http://www.epi.umn.edu/cvdepi/study-synopsis/london-transportworkers-study/>.
2. <https://evidence.nihr.ac.uk/alert/standing-desks-with-a-support-package-reduce-time-sitting-at-work/>.
3. <https://www.sciencealert.com/getting-a-sweat-on-for-30-40-minutescould-offset-a-day-of-sitting-down>.

Toma chocolate

1. <https://www.ncbi.nlm.nih.gov/pmc/articles/PMC6478304/>.
2. <https://www.ncbi.nlm.nih.gov/pmc/articles/PMC5537860/>-
3. <https://www.birmingham.ac.uk/news/2020/can-drinking-cocoamake-you-smarter>.
4. <https://www.ncbi.nlm.nih.gov/pmc/articles/PMC4580960/>.
5. <https://www.nicswell.co.uk/health-news/does-eating-a-few-squaresof-dark-chocolate-a-day-improve-blood-pressure>.
6. <https://www.ncbi.nlm.nih.gov/pmc/articles/PMC7071338/>.

CAPÍTULO 6: TARDE-NOCHE

Baila

1. <https://www.ajpmonline.org/article/S0749-3797(16)00030-1/fulltext>.
2. <https://www.frontiersin.org/articles/10.3389/fpsyg.2019.00936/full>.
3. <https://www.coventry.ac.uk/primary-news/salsa-dancing-boostsbrain-function-says-coventry-university-study-for-tv-show/>.
4. <https://depts.washington.edu/mbwc/news/article/dancingto-remember>.
5. <https://www.frontiersin.org/articles/10.3389/fnhum.2017.00305/full>.
6. <https://www.ox.ac.uk/news/2015-10-28-dancing-raises-pain-threshold'>.

Aprende una habilidad nueva

1. <https://positiveorgs.bus.umich.edu/news/study-learning-something-new-could-help-reduce-stress/>.
2. <https://www.ncbi.nlm.nih.gov/pmc/articles/PMC5065201/>.

Un baño caliente

1. <https://www.medicalnewstoday.com/articles/323702>.
2. <https://www.ncbi.nlm.nih.gov/pmc/articles/PMC5023696/>.
3. <https://www.sciencedirect.com/science/article/abs/pii/S1087079218301552?via%3Dihub>.
4. <https://pubmed.ncbi.nlm.nih.gov/24720812/>.
5. <https://pubmed.ncbi.nlm.nih.gov/18426457/>.

Lee

1. <https://news.stanford.edu/news/2012/september/austen-readingfmri-090712.html>.
2. <https://jamanetwork.com/journals/jamapsychiatry/articleabstract/2681169>.
3. <https://www.ncbi.nlm.nih.gov/books/NBK453237/>.
4. <https://yalealumnimagazine.com/articles/4377-bookworms-live-longer>.

Da gracias por lo que tienes

1. <https://greatergood.berkeley.edu/article/item/how_gratitude_changes_you_and_your_brain>.
2. <https://www.sciencedirect.com/science/article/abs/pii/S0022399920301847>.